예배자가 알아야 할
60가지 메시지

당신이 하나님을 더 깊이 알아 가고 더 널리 알리는 사람이 되는 것, 이 책에 담긴 예수전도단의 마음입니다. 말씀을 통해 저자가 깨닫고, 원고를 통해 저희가 누릴 수 있었던 그 감동이 책을 통해 당신에게도 전해지기 원합니다. 그리고 당신을 통해 그 기쁨과 은혜가 더 많은 이들에게 계속해서 흘러가기를 기도하겠습니다. 이 책을 통해 당신이 받은 은혜를 다른 분들께도 나눠 주십시오. 사랑하고 축복합니다.

Copyright ⓒ 2002 Training Resources, Inc.,
originally published under the title
TIMES OF REFRE SHING,
all rights reserved. Originally published by Emerald Books,
P.O.Box 635, Lynnwood, WA 98046, USA.

Korean Translation Copyright ⓒ 2004 YWAM Publishing, Korea

경건한 예배 사역을 위한 실제적인 조언

탐 크라우터 외
이종환 옮김

예배자가
알아야 할
60가지
메시지

예수전도단

한 세대의 모든 예배자들에게 다양하게 영향을 주셨던
주드슨 콘월 박사님께 이 책을 드립니다.

/ 추천의 글 /

우리나라에서 1980년대 후반에 일어난 찬양과 경배 사역은 현대 교회에 매우 중요한 위치를 차지하고 있다. 찬양과 경배 사역이 교회 안에 올바로 뿌리내리기 위해서는 이 사역의 본질이라 할 수 있는 예배에 대한 바른 이해와 현장에서 진행되는 실제적인 부분에 대한 바른 교육이 필요하다. 7명의 세계적인 예배 인도자들이 삶과 사역에서 경험한 사역의 실제 내용을 60개의 글로 묶어 놓은 이 책은, 짤막하고 쉬우면서도 깊은 통찰력을 담고 있어 예배팀을 이끄는 사역 책임자는 물론이고 싱어와 연주자, 그리고 비교적 예배 사역자로서 정체성을 갖기 힘든 역할을 맡은 이들에 이르기까지 동일한 감동과 도전을 줄 수 있는 책이다.
부디 이 책이 이 땅의 예배자들을 부요케 하고, 아름다운 열매를 맺는 데 귀한 밑거름으로 사용되기를 소망한다.

박철순 대표 _워십빌더스·전 어노인팅 미니스트리

"제 꿈은 Worship Leader가 되는 겁니다." 요즘 이렇게 말하는 젊은 이들을 쉽게 만날 수 있다. 좋은 현상이다. 그러나 올바른 예배자가 되기 위해 생각보다 훨씬 어려운 훈련 과정을 거쳐야 한다는 것을 깊이 이해하는 사람은 몇 안 되는 것 같다.
저기 강 건너 바른 예배자의 형상에 다다르기 위해 징검다리를 하나 하나 건너야 하는데, 중간에 뚝 끊어져 있다면 어찌하겠는가? 이와 같이 하나님의 마음에 꼭 맞는 예배자 앞에는 일렁이는 강물과도 같은

난제들, 즉 훈련되어야 할 것들이 분명히 있다.
이 책은 바른 예배자가 되기 위해 반드시 밟고 지날 수 있도록 만들어진 '끊어짐 없는 징검다리'다. 60개의 징검다리를 딛고 걸어가는 동안 참다운 예배자가 되는 데 반드시 필요한 정보가 여러분 속에 다운로드될 것이라고 확신한다. 골리앗을 한 방에 쓰러뜨릴 만큼 '돌팔매질'을 훈련한 '10대 소년 다윗'처럼 예배로 원수의 이마를 뚫을 수 있는 예배자들이 이 책을 통해 많이 일어나길 기도한다.
그리고 한 가지 중요한 점, 이 책은 재밌다!

천관웅 목사 _뉴사운드교회

이 책은 찬양 사역자 및 예배 사역자가 반드시 알아야 하는 기본적인 자세를, 예배 사역에서 섬기고 있는 사역자들의 이야기로 생생하게 엮어 냈습니다. 우리와 친숙한 저자들이 묵상하며 자신을 추슬렀던 이야기들 속에 예배에 관한 전반적인 것들이 균형 있게 녹아 있어 사역자라면 필독해야 할 교과서라고 할 수 있습니다.
또한 이 책은 예배자가 안주함이라는 유혹에 빠지지 않도록 초심을 일깨우고 예배의 대상이 누구인지를 분명하게 가르쳐 줍니다. 처음의 순수함을 회복하여 각자 맡고 있는 예배 사역 안에 열매가 맺혀 간다면 진정한 주님의 계절이 올 것입니다.
겸손한 마음으로 이 책을 접해 보십시오. 그리고 무언가 기술적인 것을 얻으려 하지 말고 주님께서 나에게 원하시는 것이 무엇인지를 찾기

/ 추천의 글 /

바랍니다. 주님은 우리를 만나 주실 것입니다. 아니 어쩌면 우리를 만나시려고 상거가 먼 데도 문 밖에서 우리를 기다리고 계실지도 모릅니다.

박종윤 목사 _벤쿠버 한사랑교회

감사하게도 선하신 하나님은 각 교회와 단체에 당신의 마음을 부으셔서 훌륭한 예배팀을 많이 세우셨습니다. 그러나 예배팀을 세우는 것보다 더 어려운 것은 동일한 부르심의 확신과 열정으로 팀을 유지시키는 일입니다.
저는 사역을 하면서 좋은 동역자들의 기도로 항상 하나님의 은혜를 경험하지만 팀을 이끌면서 수시로 생기는 고민과 사건(?)들 앞에 긴장할 때가 한두 번이 아니었습니다. 그런데 이 책을 읽어 가면서 그동안 고민하고 힘겹게 해결했던 문제들이 구체적으로 언급되어 있다는 사실과 그에 대해 매우 성경적이고 실제적인 해답이 제시되어 있다는 것에 놀랐습니다. 어떤 곳에서는 막힌 가슴이 뻥 뚫리는 듯한 명쾌한 해답을 얻기도 했습니다. 저자들이 자신의 경험을 통해 하나님께로부터 얻은 지혜를 나누고 있어 더욱 유익한 지침을 줍니다. 예배팀이 처음 만들어졌든 오랫동안 사역을 해오든 이 책을 통해 각각의 상황에 맞는 도전을 얻기를 바라고, 특히 예배 인도자나 예배팀 리더들에게 꼭 읽어 볼 것을 권합니다.

전인극 목사 _예일예술원 예배인도학부장

저자의 글 — 한국어판

한국의 독자들을 사랑하는 마음으로 이 글을 씁니다. 하나님은 한국 교회에 엄청난 일을 행하고 계신데, 우리가 그 일에 조금이나마 보탬이 될 수 있어 매우 기쁩니다.

만일 당신이 예배 인도자나 음악 목사 또는 찬양과 예배 사역에서 섬기는 분이라면, 이 책은 당신을 생각하며 쓴 것이나 다름없습니다. 아론과 훌이 모세의 양편에서 손을 붙들어 올렸던 것처럼, 우리 저자들은 당신의 사역에 능력을 더하는, 성경적이면서도 실제적인 영감을 전하고 싶기 때문입니다.

이 책은 주제별로 구성되어 있어 개인적으로 묵상을 해도 좋고, 소그룹에서 함께 나누거나 찬양팀의 토의 교재로도 활용할 수 있습니다. 또한 각 장에는 예배 사역 현장에서 섬기고 있는 저자들의 다양한 경험 및 가르침 등이 담겨 있어, 당신을 섬기고 있는 교회나 개인의 영적 성장에 도움이 될 것입니다.

모쪼록 이 책이 미국의 크리스천들에게 많은 도움을 준 것처럼 한국의 독자들과도 좋은 만남이 되기를 소망해 봅니다. 또한 당신이 속한 교회의 전반적인 예배와 찬양사역을 일으키는 데, 무엇보다 당신이 하나님을 바라보는 데 도움이 되기를 기도합니다.

탐 크라우터

CONTENTS

추천의 글
저자의 글

1

생각과 태도를 다듬는 예배자

/ 1 / 끝까지 신실한 태도를 유지하라 / 16 /
/ 2 / 익숙함과 무뎌짐을 구별하라 / 20 /
/ 3 / 약할 때 강함 주심을 믿으라 / 24 /
/ 4 / 섬김을 특권으로 삼으라 / 28 /
/ 5 / 쓴뿌리를 남겨 두지 마라 / 32 /
/ 6 / 기도를 통해 예배를 섬기라 / 36 /
/ 7 / 겸손으로 고통의 시간을 이기라 / 40 /
/ 8 / 사역을 즐거워하라 / 44 /
/ 9 / 스스로를 낮추라 / 48 /
/ 10 / 하나님께 온전히 위탁하라 / 52 /
/ 11 / 사람들의 평가를 두려워하지 마라 / 56 /
/ 12 / 동기를 점검하라 / 62 /
/ 13 / 완벽주의 성향을 다스리라 / 67 /
/ 14 / 예배할 때 믿음을 사용하라 / 71 /
/ 15 / 하나님의 음성에 민감하라 / 76 /

2

하나님과의 관계를
가장 귀하게 여기는 예배자

/ 16 / 예배하는 이유를 잊지 마라 / 84 /
/ 17 / 하나님의 인도하심을 배워 가라 / 88 /
/ 18 / 하나님을 힘써 알아 가라 / 92 /
/ 19 / 하나님을 기대하라 / 96 /
/ 20 / 거룩한 낭비를 드리라 / 100 /
/ 21 / 모든 우상을 제하라 / 104 /
/ 22 / 하나님과 시간을 보내라 / 109 /
/ 23 / 하나님과 동행하기를 기뻐하라 / 113 /
/ 24 / 하나님의 능력이 드러나게 하라 / 118 /
/ 25 / 지식과 열정으로 예배하라 / 121 /
/ 26 / 사역의 목적을 이해하라 / 126 /
/ 27 / 우선순위를 조정하라 / 130 /
/ 28 / 하나님과 더욱 친밀해지라 / 134 /
/ 29 / 하나님을 전심으로 사랑하라 / 138 /

3
탁월함을 추구하는 예배자

/ 30 / 자신의 은사를 갈고닦으라 / 144 /
/ 31 / 실패를 뛰어넘으라 / 149 /
/ 32 / 사역자로서의 정체성을 가지라 / 154 /
/ 33 / 하나님을 위해 탁월함을 추구하라 / 158 /
/ 34 / 자신을 계발하기 위해 노력하라 / 162 /
/ 35 / 자신에게 맞는 예배를 훈련하라 / 166 /
/ 36 / 예배에 맞는 악기를 사용하라 / 170 /

4
하나 됨을 지키는 예배자

/ 37 / 시너지를 이해하라 / 176 /
/ 38 / 이기심을 버리라 / 180 /
/ 39 / 다양한 스타일을 인정하라 / 184 /
/ 40 / 반대 의견과 불순종을 구별하라 / 189 /
/ 41 / 연합으로 온전한 공동체를 이루라 / 193 /
/ 42 / 새로운 도전을 기뻐하라 / 198 /
/ 43 / 전체적인 조화를 이루라 / 202 /

/ 44 / 서로 친밀한 관계를 맺으라 / 207 /
/ 45 / 다른 이의 동의와 진심을 신뢰하라 / 211 /
/ 46 / 서로 돕고 격려하라 / 215 /
/ 47 / 자신의 자리와 한계를 지키라 / 219 /
/ 48 / 예배의 본질에서 다양함을 발견하라 / 223 /
/ 49 / 마음과 표현으로 서로를 사랑하라 / 229 /

5

삶을 예배로
바꾸는 법을 배우는 예배자

/ 50 / 본이 되는 삶을 살아가라 / 236 /
/ 51 / 섬김의 예배를 드리라 / 240 /
/ 52 / 삶으로 예배하라 / 244 /
/ 53 / 순간을 예배로 바꾸라 / 249 /
/ 54 / 말과 행동을 통해 예배하라 / 253 /
/ 55 / 예배자의 부르심에 견고히 서라 / 257 /
/ 56 / 정결한 삶을 유지하라 / 260 /
/ 57 / 하나님을 먼저 구하라 / 264 /
/ 58 / 하나님이 일하시게 하라 / 268 /
/ 59 / 어디서나 예배하기로 결정하라 / 273 /
/ 60 / 생각의 청지기가 되라 / 277 /

1
생각과 태도를 다듬는 예배자

1
생각과 태도를
다듬는 예배자

끝까지 신실한 태도를 유지하라 1

"나는 선한 싸움을 싸우고 나의 달려갈 길을 마치고 믿음을 지켰으니"
(딤후 4:7).

내가 살고 있는 미주리 주에서는 독립기념일을 전후로 불꽃놀이를 한다. 우리는 미주리에서도 변두리에 살고 있기 때문에 불꽃놀이로 멋진 쇼를 벌이는 사람들을 종종 볼 수 있다. 작년에도 집에서 만든 폭죽으로 불꽃놀이 하는 것을 구경한 적이 있다. 땅에서 쏘아올린 작은 폭죽 하나가 하늘로 올라가면서 아름답고도 인상적인 불꽃 자락을 남겼다. 그것을 보면서 '와! 정말 멋지다!'라고 나는 생각했다. 그런데 갑자기 불꽃 자락이 멈추고, '픽' 하며 작은 소리가 나더니 아무 일도 일어나지 않았다. '이게 뭐야?' 나는 속으로 중얼거렸다.

이처럼 불꽃처럼 사라져 버리는 사람을 알고 있거나 적어도 본 적이 있을 것이다. 그들은 처음에는 그럴 듯하게 뭔가를 시작한다. 그 사람은 아주 특별한 은사를 받았거나 외향적이고 사교적인 성격을 타고났을 수도 있다. 타고난 리더들이 그렇듯이 창조적이고 비전을 제시하는 사람일지도 모른다. 그런 사람들은 어떤 상황에서든 멋지게 시작하지만, 안타깝게도 시간이 지나면 열심과 열정은 사그라지고 결과도 원했던 것과는 사뭇 다르다. 내가 보았던 폭죽처럼 '픽' 하는 소리만 내면서 사라지는 것이다.

은사를 받은 사람들 모두가 이렇다는 것은 결코 아니다. 많은 사람들이 삶을 통해 하나님의 계획과 목적을 완수하지만 또 다른 많은 사람들은 그렇지 않다.

예수님은 마음속에 '인류 전체의 구원'이라는 영원하고 최종적인 목적을 가지고 이 땅에 오셨다. 어떤 것도 예수님이 그 목적을 달성하시는 것을 막지 못했다. 예수님은 분명한 목적의식을 가지고 살아가셨다. 사탄과 직접 맞닥뜨렸을 때도 목표를 수정하지 않으셨으며, 따르던 무리들이 자신을 버렸을 때도, 유대교의 지도자들이 거부할 때도 목표를 향해 나아가는 것을 멈추지 않으셨다. 심지어 십자가에 못 박히실 때에도 단념하지 않으셨다. 예수님은 목표를 가지고 계셨고, 상황에 관계없이 그것을 추구하셨으며, 주어진 임무를 완수하셨다. 그래서 삶의 마지막 순간에 확신에 차서 "다 이루었다" (요 19:30)고 말씀하실 수 있었던 것이다.

얼마 전에 『워십 리더』라는 잡지에 J. 로버트 클린턴이 쓴 기사를 읽었다. 제목은 '은사를 받는 것에 대한 네 가지 관찰 결과'였다. 그런데 그 관찰 결과 중 마지막 두 가지가 나를 깜짝 놀라게 했다. 그는 단순하지만 강한 어조로 '거의 모든 리더들이 마무리를 잘 하지 못한다'고 했다. 많은 사람들이 처음에는 '쾅' 하는 소리와 함께 시작하지만 오랜 시간이 지나서는 결국 '픽' 소리를 내면서 사라져

버린다는 것이다. 마지막 관찰 결과는 더 충격적이다. '몇몇 특정 예배 인도자들이나 대부분의 리더들이 은사가 충분치 못해서 마무리를 잘 못하는 것이 아니다. 은사의 문제가 아니라 내적인 삶의 문제들 때문이다'라고 그는 설명했다. 그리고 이 '내적인 삶'이란 성실성이나 관계의 문제들, 예를 들면 하나님과의 친밀감과 같은 영역이라고 덧붙였다. 능력이 부족해서가 아니라 능력이 너무 많아서 마무리를 잘 하지 못하는 경우도 많다는 것이다. 여기에 내 나름의 관찰 결과를 하나 덧붙이고 싶다. '은사를 많이 받은 사람일수록 하나님께 마음을 지속적으로 드리는 데 어려움을 겪는 것 같다.'

이에 대한 나의 답은 간단한다. 당신의 마음을 지키라! 너무나 중요하기에 반복해서 말하겠다. "당신의 마음을 지키라!"

잠언 4장 23절을 표준새번역으로 읽어보자. "그 무엇보다도 너는 네 마음을 지켜라. 그 마음이 바로 생명의 근원이기 때문이다." 작가이기도 한 나는, 어떤 저자가 '그 무엇보다도'라며 시작한 문장에는 아주 중요한 의미가 있다고 생각한다. 솔로몬은 "그 무엇보다도 네 마음을 지켜라"고 말한다. 가서 하나님을 위한 일을 많이 하라고 하지 않고 마음을 지키라고 명령한다. 왜 그럴까? 그렇게 하지 않으면 우리의 삶이 마치 사라져 버리는 불꽃과 같이 끝나버리기 때문이다. 약속을 많이 했어도 열매를 맺지 못하는 것이다.

주님은 우리가 처음 시작한 것을 끝내기를 바라시며, "나는 선한 싸움을 싸우고 나의 달려갈 길을 마치고 믿음을 지켰으니"(딤후 4:7)라는 사도 바울의 고백을 우리가 삶의 마지막 때에 하게 되기를 소망하신다.

　예수님은 하늘 아버지와 교제하는 데 시간을 들였기 때문에 마무리를 잘 할 수 있으셨다. 또한 사랑하는 이들과 더 깊은 관계를 맺기 위해서 시간을 사용하셨다. 삶의 여정에서 많은 놀라운 일들을 이루셨지만 중요한 것을 놓치지 않고 계속 지켜 가셨다.

　당신의 삶은 어떠한가? '다른 무엇보다도' 마음을 지키고 있는가? 사라져 버리는 폭죽이 되고 싶은가, "나는 선한 싸움을 싸우고 나의 달려갈 길을 마치고 믿음을 지켰으니"라고 말하고 싶은가?

1
생각과 태도를
다듬는 예배자

익숙함과 무뎌짐을 구별하라 2

"여호와여 주께서 행하신 일로 나를 기쁘게 하셨으니 주의 손이 행하신 일로 말미암아
내가 높이 외치리이다 여호와여 주께서 행하신 일이 어찌 그리 크신지요
주의 생각이 매우 깊으시니이다"
(시 92:4~5).

처음으로 우리 아이들을 영화관에 데려갔을 때가 생각난다. 아이들에게 그 모든 경험은 매혹적인 것이었다. 심지어 건물 안에 들어가기 전에 표를 사는 것 그 자체가 모험이었다. 물론, 방금 산 표를 영화관 입구에서 안내원에게 다시 주어야만 하는 이유를 설명해 주어야 했지만….

은은하게 불이 켜져 있는 복도를 지나 우리가 들어갈 상영관으로 걸어가는 동안에 아이는 다른 상영관에서 어떤 영화들이 상영 중인지 물었고, 상영관에 들어가서는 어디 앉을지가 고민이었다. 맨 앞줄은 스크린에 너무 가까운가? 뒷자리는 너무 먼가? 그러면 중간 어디쯤에 앉는 것이 가장 좋을까? 자리는 복도 쪽에 가까운 게 좋을까, 벽에 가까운 게 좋을까? 그건 그렇고 화장실은 어디에 있지?

아이에게는 모든 것이 완전히 새로웠다. 나는 이 사실을 여러

번 마음속에 되새겼다. 나는 지금껏 영화를 몇 십 편은 족히 보았으며, 영화관에 가는 것은 새로운 일이 아니다. 그러나 아이는 달랐다. 영화관에 처음 가봤으니 보는 것 모두가 새로운 경험이었다.

어떤 것을 한두 번 해보면 이제 그것은 익숙한 일처럼 느껴진다. 오늘날 어떤 일을 대할 때 사람들이 보이는 일반적인 반응은 '가 본 적 있어?' '해본 적 있어?'다.

그런데 불행하게도 우리는 예배를 드리면서 너무나도 쉽게 자기만족에 빠진다. 예배를 한두 번 드리면서 우리가 하는 말들, 행동, 감정, 그리고 음악에 익숙해지기 시작하고 곧 그것에 무관심해진다.

반면, 시편 기자는 "여호와여 주께서 행하신 일로 나를 기쁘게 하셨으니 주의 손이 행하신 일로 말미암아 내가 높이 외치리이다 여호와여 주께서 행하신 일이 어찌 그리 크신지요 주의 생각이 매우 깊으시니이다"(92:4~5)라고 고백한다. 자기만족은 전혀 없고 새로움과 감격이 넘친다.

영어 성경(New Living Translation)에서는 이것을 더욱 강조한다. "주님, 당신이 하신 모든 일들에 나는 전율을 느낍니다." 하나님이 당신에게 행하신 일로 인해 전율을 느낀다고 하나님께 고백했던 가장 마지막 때가 언제인가? 고백하는 것이 문제가 아니라 하나님이 당신의 삶에 행하신 일들로 인해서 실제로 전율을 느꼈던 마지막 때가 언제인가?

요한계시록은 예수님이 돌아가시고 부활하신 지 60년이 지난 AD 90년대 후반에 씌어졌다고 한다. 이 책은 일곱 교회를 향한 주님의 말씀으로 시작한다. 분명히, 이 편지를 받는 이들의 부모 세대 중 몇 명은 예수님을 직접 뵙고 예수님과 함께 길을 걸어갔을 것이다. 그런데 이제 이들은 자기만족에 빠져 있다. 바로 그런 점을 주님은 꾸짖고 계신 것이다.

찬양과 예배 사역을 하는 우리에게도 이런 일은 일어난다. 하나님과 관계를 맺지 않고도 주일 아침에 교회에 와서 악기를 연주하고 자신의 파트에서 노래를 부를 수 있다. 주일 아침예배 때 기타를 연주하면서 '가만, 이번 주는 지하실 청소를 꼭 끝내야 하는데…'라고 생각한 적이 얼마나 많은지….

개리 마테나 박사는 『필요한 한 가지』(One thing needful)라는 책에서 만약 마음을 다하고 목숨을 다하고 뜻을 다하여 하나님을 사랑하라(마 22:37)는 것이 하나님의 가장 큰 명령이라면, 하나님을 마음과 목숨과 뜻을 다해 사랑하지 않는 것이 가장 큰 죄라고 말한다. 다시 말해서 자기만족 가운데 있는 것이 죄라는 말이다.

그러나 나는 위로가 되는 사실을 찾았다. (자기만족이 좋다는 말은 아니다.) 안주하려는 마음이 생길 때 어떻게 해야 하는지는 정확히 알지 못하지만, 죄를 어떻게 처리해야 하는지에 대해서는 잘 알고 있다. 죄를 처리하는 유일한 방법은 바로 회개하는 것이다. 어쩌면 당신에게도 회개가 필요할지 모르겠다. 그렇다면 함께 기도하자.

'하나님, 자기만족에 빠졌던 것을 용서해주시고, 제 삶에서 자기만족이라는 죄를 제해주세요. 그리고 말씀과 성령 안에서 하나님이 행하신 일들을 기쁨으로 노래할 수 있도록 해주세요. 마치 처음 영화관에 간 어린아이가 흥분에 겨워하듯 하나님이 나에게 행하신 일들로 전율하게 해주세요. 하나님에 대해서 당연하게 생각하거나 안주하지 않게 하시고 하나님이 내 삶의 모든 것을 소중하게 만드신 분이라는 것을 항상 기억하게 해주세요. 주님, 사랑합니다. 내가 매일 주님을 더 사랑하도록 가르쳐 주세요.'

1

생각과 태도를
다듬는 예배자

약할 때 강함 주심을 믿으라 3

"그러므로 너희가 그리스도 예수를 주로 받았으니 그 안에서 행하되"
(골 2:6).

얼마 전 초등학교에 다니는 딸아이의 소풍에 따라간 적이 있었다. 오후에 토네이도가 올지도 모른다는 일기 예보가 있었지만, 세인트 루이스 동물원에서 즐겁게 놀기에 딱 좋은 날씨였다.

담임선생님이 동물원에 미리 연락을 해 두었기 때문에, 한 직원이 학생들 모두에게 특별한 강의를 해주었다. 직원은 척추동물에 대해서 가르쳐주다가 우리에게 물었다. "우리 몸에서 뼈가 하는 일은 무엇일까요?"

"뼈는 우리 몸을 지탱해 줘요." 학생 중 하나가 대답했다. 매우 단순하지만 3학년 학생한테 들을 만한 대답이었다.

"만약 여러분에게 뼈가 없다면 커다란 진흙덩어리에 지나지 않을 거예요." 그 직원의 말에 우리 모두는 크게 웃었다. 그 모습이 어떨지 생각해 보라.

사실, 나는 내 자신이 커다란 진흙덩어리에 지나지 않는다는 생각을 종종 한다. 그리고 정말 인정하기 싫지만 나의 결점에 대해서 매우 정확하게 알고 있고, 나 혼자서 이루어낼 수 없는 것들이 무수히 많이 있음도 잘 안다. 그렇지만 나는 하나님의 말씀에서 소망을 찾는다.

성경에서 영웅이라고 생각하는 사람들의 리스트를 만들고, 당신이 본받고 싶은 삶을 산, 그리고 하나님의 놀라운 일들을 이루어낸 사람들의 이름을 적어보라. 그러면 당신과 내가 그렇게도 없애려고 몸부림치는 고통과 버릇들을 똑같이 가지고 있는, 죄로 가득한 사람들의 리스트를 보게 될 것이다. 그들은 연약했지만 하나님의 영이 그들의 삶 안에, 그리고 그 삶을 통해 일하셨던 것이다.

존 피셔는 『바리새인처럼(나처럼) 사는 삶을 이겨내는 열두 가지 단계들』이라는 책에서, 어렸을 때에 성경의 인물들이 자신의 영웅이었다고 말한다. 그들은 존의 어린 시절을 사로잡았고, 존은 그들을 무척 존경했다. 피셔는 이렇게 말한다.

'솔로몬은 가장 지혜로웠고, 삼손은 가장 힘이 셌으며, 야곱은 가장 슬기로웠고, 기드온은 가장 용감했고, 요나는 가장 운이 좋았고, 모세는 가장 담대했으며, 여호수아는 가장 용기가 많은 사람이었다. 그리고 다윗은 가장 훌륭했는데 왜냐하면 물맷돌만을 가지고 거인인 골리앗을 물리쳤기 때문이다. 그렇지만 솔로몬은 가장 많이 결혼했고, 삼손은 여자들만 따라다녔으며, 야곱은 남을 속였고, 기드온은 우상 숭배자였고, 다윗은 간음과 살인을 했으며, 요나는 니느웨에 도착한 이후에도 하나님으로부터 도망치려 했던 사람이라는

것을 알고는 실망했다.'¹

이러한 적나라한 모습들은 모순이지만 분명 사실이다. 이 '영웅'들은 당신과 나처럼 죄로 가득한 인간에 지나지 않았다. 아무리 점수를 후하게 준다 해도 본질적으로는 진흙덩어리에 지나지 않았다.

그렇지만 그들은 하나님의 계획과 목적을 이루어내는 것을 포기하지 않았다. 그들은 끝까지 하나님의 자비가 필요하다는 사실을, 자신의 힘으로는 아무것도 할 수 없다는 것을 알았던 것이다.

하나님은 완벽한 사람을 쓰시지 않는다. 우리는 예수님이 그분의 자비와 은혜가 절대적으로 필요한, 완전히 진흙덩어리 같은 사람들과 함께 지내셨다는 것을 성경을 통해 알 수 있다.

하나님이 당신을 쓰실 만큼 완벽해질 날을 기다리고 있다면 그런 꿈은 접어두라. 하나님은 이미 완전히 순전하고 온전히 완벽한 유일한 그릇을 가지고 계시기 때문이다. 그 그릇은 바로 예수님이다. 우리는 모두 죄로 인한 흠투성이에 지나지 않는다.

죄의 문제가 별것 아니라고 말하는 것이 아니다. 하나님이 보시기에 죄는 가증하다. 죄 때문에 예수님이 십자가에 못 박히셨지 않은가. 하나님은 죄를 싫어하신다. 그러나 하나님의 은혜는 언제나 죄보다 강력하기에 우리가 그 은혜로 말미암아 무엇이든 할 수 있는 것이다. 죄 없는 삶을 살기 때문에 하나님이 우리를 통해 일하시는

---

1 John Fischer, *Twelve steps for the recovering Pharisee(like me)*, (Minneapolis, Minn.. : Bethany house publishers, 2000), p. 107

것이 아니라 오직 하나님의 측량할 수 없이 크신 자비 때문에 가능한 것이다.

성경은 이렇게 말한다. "그러므로 너희가 그리스도 예수를 주로 받았으니 그 안에서 행하되"(골 2:6). 당신은 어떻게 해서 그리스도 예수를 주로 받아들였는가? 아마도 간절히 죄를 용서받기 원했기 때문에 믿음으로 주님을 받아들였을 것이다. 이제 주님을 받아들였으니 주님을 받아들인 그 간절한 마음으로 그분 안에서 살아가라.

매일매일 주님의 은혜와 자비가 필요하다. 당신이 엉망진창으로 살아가느냐, 하나님의 계획과 목적을 성취하는 삶을 사느냐는 주님의 끝없는 자비에 달려 있다. 하나님의 은혜 가운데에서 안식하라. 개인의 삶이든 예배 사역이든 그 안에서 하나님의 계획과 목적들이 완전히 이루어지도록 주님께 올려 드리라.

1
생각과 태도를
다듬는 예배자

섬김을 특권으로 삼으라 4

"누구든지 첫째가 되고자 하면 뭇 사람의 끝이 되며
뭇 사람을 섬기는 자가 되어야 하리라"
(막 9:35).

예수님은 "인자가 온 것은 섬김을 받으려 함이 아니라 도리어 섬기러"(마 20:28) 오셨다고 따르는 무리에게 말씀하셨다. 이 말씀을 제대로 이해하고 예수님이 언제나 진리만을 말씀하셨다는 사실을 고려한다면, 다른 사람들이 손과 발로 예수님을 시중들 때에 예수님이 가만히 앉아 계시지만은 않았을 것 같다. 예수님이 다른 세력가들처럼 누군가 섬겨주기만을 기대하시는 분이라면 자신이 온 목적이 섬기는 것이라고 분명하게 말하지는 못했을 것이다.

예수님이 시골에서 추운 밤을 맞아 무리들과 함께 따뜻하게 장작을 모으는 모습을 상상해보자. 예수님이 물을 나르겠다고 나서시는 모습을 그려보자. 그분은 묵게 된 집의 문이나 의자들을 목수 시절의 기술을 발휘해 고쳐주셨을 것이다.

당신은 어떠한가? 주일에 쓸 악보를 준비하기 위해 자원한 적이 있는가? 의자를 쌓거나 악보대와 다른 장비들을 옮기는 일을 돕는가? 일상의 사소한 일들을 하는 것은 당신의 위신에 흠을 내는 거라고 생각하는가? 당신은 정말 섬기는 사람인가?

예수님은 다음과 같이 말씀하시면서 우리가 가져야 할 종의 태도를 요약하셨다. "너희 중 누구에게 밭을 갈거나 양을 치거나 하는 종이 있어 밭에서 돌아오면 그더러 곧 와 앉아서 먹으라 말할 자가 있느냐 도리어 그더러 내 먹을 것을 준비하고 띠를 띠고 내가 먹고 마시는 동안에 수종들고 너는 그 후에 먹고 마시라 하지 않겠느냐 명한 대로 하였다고 종에게 감사하겠느냐 이와 같이 너희도 명령 받은 것을 다 행한 후에 이르기를 우리는 무익한 종이라 우리가 하여야 할 일을 한 것뿐이라 할지니라"(눅 17:7~10).

나는 꽤 오래 전에 대규모 기독교 대회에 참여한 적이 있다. 대회가 거의 끝나갈 무렵, 이 행사가 진행되는 동안에 사소한 것들을 챙기고 돌본 사람들을 격려하는 순서가 있었다. 모든 자원봉사자들에게 역할을 분배하는 일을 지치지 않고 해낸 한 부부에게 맨 처음으로 감사를 표했다. 몇 사람들이 이 부부가 해낸 놀라운 일들을 이야기했다. 부인은 아무 말이 없었고 남편은 단지 "우리가 좋아서 했을 뿐입니다"라고 말했다. '봐, 우리는 정말 멋진 일을 해냈어!' 하고 우쭐해하는 태도는 전혀 볼 수 없었다. 그들의 섬기는 마음이 빛나고 있었다.

마태복음 25장 21절과 23절에서 예수님은 달란트 비유를 하신다. 이 이야기 마지막 부분에서 주인은 충성된 종에게 "잘하였도다 착하고 충성된 종아!"라고 말한다. 이 이야기는 하나님나라를 비유한 것이다. 이야기의 마지막 부분은 우리가 주님과 얼굴을 맞대게 될 마지막 때를 보여준다. 나는 우리가 하나님나라의 일원으로 있는 한 "잘하였도다 착하고 충성된 종아"라는 그분의 음성을 듣게 될 것이라 확신한다. 하지만 이 모든 일은 하나님의 신실하심을 드러내는 것이지 우리 자신이 한 일을 드러내는 것이 아니라는 사실을 기억하길 바란다. 그 말을 들을 때 우리의 반응은 어떨까? "네, 하나님. 우리가 예배를 인도하고 연주하고 노래하는 동안에 자신들의 마음을 당신께 드린 사람이 네 명이나 있었다는 것을 기억하시죠?"라고 할 것인가? 그 순간에 그게 대체 무슨 상관이란 말인가?

우리 구주의 눈을 바라볼 때에 그분은 나에게 말씀하신다. "잘하였도다 착하고 충성된 종아!" 그 때 촉촉해진 눈으로 그분을 바라보면서 내가 할 수 있는 반응이라고는 단지 이것뿐이다. "주님, 당신을 섬길 수 있는 기회를 주신 것만으로도 무척 감사합니다."

그것은 또한 지금 바로 여기에서 우리가 가져야 할 태도다. 우리는 특별한 사람이 아니라 단지 주어진 일을 해야만 하는 무익한 종에 지나지 않는다.

나는 북미 대륙에 있는 많은 교파와 다양한 크기의 교회에서 사역했다. 나는 한 명만 있는 '예배팀'을 본 적도 있고, 목관악기와 현악기 연주자까지 있는 예배팀도 보았다. 나는 은사가 있는 음악가들을 수백, 아니 수천 명 보아왔다. 그렇지만 섬기는 이들은 그만큼 만나보지 못했다.

당신은 어떠한가? 다른 사람을 섬기는 것이 편하고 그 일에 열심인가, 아니면 섬기는 것이 특권이라는 것을 알도록 하나님이 당신의 마음에 역사하셔야 하는가?

---

* 탐 크라우터의 『오, 성장하라!(Oh, Grow up!)』(Lynnwood, Wash.: Emerald Books, 2001)에서 인용.

1

생각과 태도를
다듬는 예배자

쓴뿌리를 남겨두지 마라 5

"이러므로 우리에게 구름 같이 둘러싼 허다한 증인들이 있으니 모든 무거운 것과
얽매이기 쉬운 죄를 벗어 버리고 인내로써 우리 앞에 당한 경주를 하며 믿음의 주요
또 온전하게 하시는 이인 예수를 바라보자 그는 그 앞에 있는 기쁨을 위하여 십자가를
참으사 부끄러움을 개의치 아니하시더니 하나님 보좌 우편에 앉으셨느니라
너희가 피곤하여 낙심하지 않기 위하여 죄인들이 이같이 자기에게 거역한 일을 참으신
이를 생각하라 너희가 죄와 싸우되 아직 피 흘리기까지는 대항하지 아니하고"
(히 12:1~4)

내게는 평생 잊을 수 없는 장면이 하나 있다. 하루 중 가장 복잡한 출근 시간에 우리 부부 역시 일하러 가던 참이었다. 그런데 갑자기 어린아이가 길 한가운데로 달려 나왔고 소형 트럭이 급히 왼쪽으로 틀었지만 그만 아이의 머리를 치고 말았다. 아이의 조그마한 몸은 트럭 밑에 깔렸고 옷은 찢겨져 트럭의 아랫부분에 걸려 있었다. 아무도 움직이지 않았다. 마치 조각처럼 인도에 서서 어느 누구도 그 분주한 찻길 한복판에 있는 아이를 구하러 오지 않았다.

내 아내는 더 이상 참지 못하고 차에서 뛰쳐나가 그 복잡한 시간, 자동차들 사이를 지나 아이 옆으로 달려갔다.

"911에 전화하세요!"라고 내가 사람들에게 외치는 동안 아내는 위험한 찻길 한가운데에 무릎을 꿇었다. 아이의 얼굴에는 핏기가 없었고 숨소리도 미약했다. 죽어가고 있었다.

아내는 아이가 숨을 쉬도록 인공호흡을 했고 구급차가 올 때까

지 안고 있었다.

아이는 실려 갔고 우리는 다시 그를 보지 못했다. 사람들이 인도라는 안전한 공간에 서서 아이를 구하러 오지 않았을 때 아내는 아이를 돕느라 온통 피범벅이 되었지만 감사를 표하는 사람, 박수를 치는 사람은 아무도 없었다. 아내에게 메달을 주기 위해 자신들의 어깨 위로 들어 올리고는 시내로 행진하는 일도 없었다. 기자가 와서 아내에게 이름이 뭐냐고 묻지도 않았다. 피범벅이 된 옷과 더럽혀진 손만 보일 뿐이다.

오늘, 어쩌면 당신도 위험한 길거리에 있었던 내 아내와 같은 기분일지 모르겠다. 사역은 매우 위험한 것이다. 음악 사역에 헌신하는 것은 가장 힘든 곳 중 하나에 서 있는 것이다. 음악은 사람들의 개인적인 취향뿐만 아니라 사람들의 내면을 표현하는 언어이기 때문이다.

한 주 한 주 지나갈수록 당신의 영혼은 회중 앞에 노출된다. 영혼이 노출된 상태에서 당신의 마음은 상처받기 쉽다. 다른 사람들이 당신의 은사를 알아주고, 상까지 주기를 바라는가? 그러나 대부분은 박수도 없이 당신 홀로 남겨지기 마련이다.

시간이 지나면서 점점 사역 중에 상처받는 경우들이 생겨나기 시작한다. 상처는 여러 가지 형태로 나타난다. 사람들이 찬양 사역을 별로 중요하게 여기지 않을 때도 있고, 때로는 사역에 대해 비방을 들을 때도 있고, 때로는 드럼 소리의 크기, 곡 선택 아니면 연주 스타일 때문에 사람들과 충돌할 때도 있다.

사역을 하면서 마음이 상하면 보통 그것은 쓴뿌리로 남는다. 그러나 하나님은 무거운 것과 얽매이는 것을 벗어버리라고 말씀하신다. 쓴뿌리는 효과적인 예배 사역의 가장 큰 장애물이다. 이것은 우리가 하는 모든 말들과 우리가 하는 모든 노래에 영향을 끼친다. 쓴뿌리를 지닌 채로 찬양을 선포하면서 효과적인 사역을 할 수 없다.

"이것으로 우리가 주 아버지를 찬송하고 또 이것으로 하나님의 형상대로 지음을 받은 사람을 저주하나니 한 입에서 찬송과 저주가 나오는도다 내 형제들아 이것이 마땅하지 아니하니라 샘이 한 구멍으로 어찌 단 물과 쓴 물을 내겠느냐 내 형제들아 어찌 무화과나무가 감람 열매를, 포도나무가 무화과를 맺겠느냐 이와 같이 짠 물이 단 물을 내지 못하느니라"(약 3:9~12).

쓴뿌리라는 죄가 당신의 삶을 곤란에 빠뜨리고 예배 사역의 능력을 파괴하는가? 당신의 은사에 대해 비난하는 말들에 상처를 받아 분개라는 쇠사슬에 사로잡혀 있는가?

성경은 이렇게 말씀한다. "서서 기도할 때에 아무에게나 혐의가 있거든 용서하라 그리하여야 하늘에 계신 너희 아버지께서도 너희 허물을 사하여 주시리라"(막 11:25).

다른 형제나 자매에 대해 강퍅한 마음을 가지면서 사역에 관해서는 부드러운 마음을 가지려 한다면 당신은 사역뿐만이 아니라, 쓴뿌리의 대상, 그리고 당신 자신에게도 피해를 주게 된다.

루이스 스메데스는 『용서의 기술』(The art of forgiving)이라는 책에서 "우리가 누군가를 진정으로 용서하는 것은 죄수를 풀어주는 것과 같은데, 우리가 풀어준 그 죄수가 바로 우리 자신이었다는 사실을 후에는 알게 될 것이다"라고 말했다.

이 일이 여전히 너무 힘들다면 앞에서 읽은 바울의 도전을 다시 한 번 보라. 또한 예수님을 모범으로 삼으라. 이사야 53장 3절은 "그는 멸시를 받아 사람들에게 버림받았으며 간고를 많이 겪었으며 질고를 아는 자라 마치 사람들이 그에게서 얼굴을 가리는 것 같이 멸시를 당하였고 우리도 그를 귀히 여기지 아니하였도다"라고 말한다.

사역을 하면서 당하게 되는 어떠한 위험도 예수님이 당한 것과 비교할 수 없다. 그렇지만 예수님은 부드러운 마음을 계속 유지하면서 십자가에서 이렇게 말씀하셨다. "아버지 저들을 사하여 주옵소서 자기들이 하는 것을 알지 못함이니이다"(눅 23:34).

예수님은 우리가 반응할지 안 할지 확신이 없으면서도 우리 삶의 한복판으로 뛰어 들어오신다. 예수님은 다른 사람들이 우리가 파멸해가는 모습을 보고 그냥 지나칠 때 우리에게 오셨다. 그의 손은 피범벅이 되었다. 그러나 앞의 경우와는 다르게 그 피 또한 우리의 것이 아니라 그분의 피다.

이제 쓴뿌리라는, 우리를 옭아매는 장애물을 버려버릴 때다. 지금 당장 시작하지 않을 이유가 있는가?

1

생각과 태도를
다듬는 예배자

기도를 통해 예배를 섬기라 6

"여호와의 눈은 의인을 향하시고 그의 귀는 그들의 부르짖음에 기울이시는도다"
(시 34:15).

찬양 사역을 하는 사람들은 종종 음악이 가장 중요하다고 생각한다. 아, 물론 우리의 마음자세가 먼저 바로 되어야 한다는 것은 알고 있다. 하지만 그 다음은 노래와 연주를 잘하는 것이 정말 중요하다. 이 말에 동의한다면 나의 경험을 듣고 더 깊이 생각해보기를 바란다. 찬양 사역을 수년 간 해 왔지만, 내게는 가르치는 은사가 더 큰 것 같다. 가르치는 은사를 타고난 것 같다. 그래서 나는 사람들에게 알아야 할 것들을 가르친다면 그들이 변할 것이라고 생각했다. 그런데 그게 아니었다!

브루클린 타버나클 교회의 짐 심발라 목사님은 『새바람 강한 불길』이라는 책에서 다음과 같이 말한다.

'기도는 그리스도인의 삶의 근원이며 생명선이다. 기도하지 않는 사람은 마치 예쁜 옷을 입고 내 가슴에 안긴 아이가 숨을 쉬지 않는 것과 같다. 옷이 무슨 소용인가? 숨을 쉬지 않는데. 혼수상태의 사람에게 말해봐야 아무 소용이 없다. 오늘날 교회에서 그렇게 교육을 강조해도 아무 결과가 없는 것을 보라. 우선 생명이 있는 사람이라야 교육이 효과가 있다. 영적인 혼수상태라면 아무리 옳고 정통적인 교훈이라도 영적인 삶에 도움이 되지 않는다.'[2]

　기억해야 한다. 정보만으로는 사람들에게 능력을 주지 못한다. 나의 가르침을 받는 사람들을 위해서 나는 기도해야 한다. 하나님의 말씀을 전하면서 온전히 권고하더라도, 기도가 뒷받침되지 않는다면 최선의 효과를 볼 수 없다.

　마찬가지로 당신은 악기 연주와 찬양을 정말 잘할 수 있다. 음악적으로 아무 흠이 없는 공연을 할 수도 있다. 그렇지만 사람들을 위해서 기도하지 않는다면 그들의 삶에 아무런 영향도 주지 못할 것이다.

　나는 책을 많이 읽는다. 그리고 나중에 강의할 때 사용하기 위해 책이나 기사에서 몇 구절을 적어둔다. 그 구절이 어느 책에서 나온 것인지 기억하지만 잊어버릴 때도 있다. 다음은 주의를 기울이지 않아 출처는 잊었지만, 그래도 나누고 싶은 구절이다.

　'광산에서 일하는 것은 힘들다. 단단한 바위를 뚫는 것은 쉬운 일이 아니다. 인내와 헌신이 필요한, 그러나 광석을 캐내려면 꼭 필요한 과정이다. 사람들은 돌에 구멍을 뚫은 다음, 그 안에 폭탄을 장치해 터뜨려서 수많은 돌들을 날려 버린다. 그러나 돌에 구멍을 뚫지

---

2 『새바람 강한 불길』(죠이선교회출판부 역간), p. 55.

않고 돌 위에서 폭탄을 터뜨리면 같은 효과를 볼 수 없다. 마찬가지로 이 시대의 많은 그리스도인들도 폭탄에 불을 붙이려고는 하지만 딱딱한 바위에 구멍을 내는 것과 같은 어려운 일은 하려 들지 않는다. 폭탄에 불을 붙이는 것은 누구나 할 수 있지만 어려운 일을 하기 위해서는 헌신과 인내가 필요하다.'

사역도 이와 같다. 당신이 악기를 연주하거나 노래를 하지만 기도라는 어려운 일을 하기 원치 않는다면 사역에서 좋은 결과를 절대로 얻을 수 없다.

교회의 성도들을 위해서 하루에 몇 시간씩 기도하라고 말하는 게 아니다. 얼마나 오랫동안 기도하는지, 얼마나 자주 기도하는지는 중요하지 않다.

국제적으로 유명한 전도자 라인하드 봉크를 알 것이다. 수많은 이들이 그의 사역을 통해서 하나님의 나라로 들어갈 수 있었다. 봉크는 자신을 위해 계속해서 기도하는 사람들이 있었기 때문에 성공적으로 사역할 수 있었다고 말한다. 몇 년 전, 그를 위한 중보기도 모임을 인도하는 한 여성의 말을 들을 기회가 있었다. 기도하는 것이 그녀의 일이기에 그녀는 하루에 몇 시간을 기도하는 데 보낸다. 나는 지금도 그녀가 한 말을 잊을 수 없다. '얼마나 오랫동안 기도하느냐가 아니라 얼마나 능력 있게 기도하는가, 그것이 중요하지요.'

시편 34편 15절은 "여호와의 눈은 의인을 향하시고 그의 귀는 그들의 부르짖음에 기울이시는도다"고 말씀한다. 하나님은 우리가 그분에게 부르짖기를 기다리신다.

하나님은 우리가 예배에 참여하는 사람들을 위해 기도하기를 원하신다. 예배 직전에도 기도해야겠지만, 하나님이 그들의 삶과 예배 가운데 계획하신 모든 것에 그들이 마음을 열도록 일주일 내내 기도해야 한다. 그들이 단지 노래를 부르러 오는 것이 아니라 전심으로 하나님을 경배하는 마음으로 예배에 오도록 기도해야 한다. 예배팀의 모든 이들이 그렇게 기도한다면 어떤 일이 일어날까? 그런 기도는 회중 예배를 반드시 변화시킨다.

예배팀에서 섬기는 사람들이 서로를 위해서 기도하는 것도 좋다. 하나님의 평강이 그들의 마음과 삶과 가정을 다스리시도록 기도하라. 단순히 악기를 연주하고 노래를 부르는 것이 아니라 하나님의 도구로 쓰임 받을 수 있는 준비가 되도록 기도하라. 서로가 그렇게 기도한다면 어떤 일이 일어나겠는가?

예배 인도자를 위해서 기도하고, 목사님을 위해서 기도하라. 이제 알겠는가? 노래하고 악기를 연주하는 것에만 만족하지 말고 하나님께 부르짖으라.

1

생각과 태도를
다듬는 예배자

겸손으로 고통의 시간을 이기라 7

"그 주인이 이르되 잘하였도다 착하고 충성된 종아 네가 적은 일에 충성하였으매 내가 많은 것을 네게 맡기리니 네 주인의 즐거움에 참여할지어다 하고"
(마 25:23).

그들은 전국에 있는 지하실에 숨어 있다. 땅 아래에서 움직이는 것이다. 그들은 어디에나 있다! 당신이 사는 도시에도 숨어 있다. 바로 옆에 앉아있는 사람일 수도 있고 어쩌면 당신일지도 모르겠다.

나는 B급 영화에나 등장하는, 사람을 납치해 가는 외계인에 대해서 말하는 것이 아니다. 당신 옆에 있는 사람은 외계인에게 납치되었던 사람이 아니다. 자, 옆에 있는 키보드 연주자는 그만 바라보라. 그 사람은 외계인이 아니니까!

나는 이미 자신 앞에 부여된 일에 마음과 영혼과 정신과 힘을 다하지 않고서, 어떤 '큰 전환점'을 기다리는 음악가들이 얼마나 많은지에 대해서 말하는 것이다. 그런 시점이 될 때까지 그들에게 사역은 '단지 또 한 번의 공연'에 지나지 않는다. '오늘도 보통 때처럼 그냥 예배 한번 드리고 밥 한 끼 얻어먹으면 그만이지'라고 생각하는 것이다.

앞에서 읽은 말씀은 달란트 비유에 나오는 구절이다. 처음 두 종은 자신에게 주어진 것을 불평하지 않고 잘 사용해서 투자한 것에 비해 놀라운 이익을 거두었다. 그렇지만 세 번째 종은 받은 것을 그냥 땅에 묻어 두었다.

세 번째 종은 아마도 이렇게 말할 것이다. "나는 왜 저 친구처럼 5달란트를 받지 못한 거지? 나도 그 사람만큼 실력이 있는데 말이야. 그 사람은 1달란트를 잃더라도 여전히 4달란트가 남지만 나는 1달란트를 잃으면 땡전 한 푼 안 남는다구. 난 이걸 꼭 쥐고 있을 거야. 기회는 친구들이 다 가지라고 해. 5달란트를 줄 때까지는 아무것도 안 할 거야."

어처구니없어 보이지만 우리 밑바탕에 깔려 있는 자만심 때문에 이 이야기는 어떤 식으로든 우리 자신에게도 일어날 수 있다. 아무도 이런 죄에서 벗어날 수 없을 것이다.

나는 정말 더 '중요한' 기회를 위해서 아직은 자신을 드리려 하지 않는 음악인들을 많이 보았다. 그렇지만 그들이 그렇게 기다리는 동안에도 하나님의 부르심은 이미 그들에게 있었다. 그런 부르심이 멋지게 보이지 않을지 몰라도 하나님이 주신 것이면 당연히 중요한 것이다.

이 사람들은 대개의 음악가들이 그렇듯이 지하실에서 앉아서 다른 사람들이 자신을 찾아주기만을 바라고 있다.

어쩌면 당신 옆에 있는 사람이 이런 사람인지도 모르겠다. 아니, 당신일 수도 있다.

당신이 속한 예배팀이 교회에서 최고의 예배팀으로 인정받지 못할 수도 있다. 어쩌면 대단치 않다고 생각하는 중고등부 수련회에서 예배 인도를 해달라고 부탁받았을 수도 있다. 아니면 보조 건반을 연주하면서 속으로는 '내가 예배 인도를 해야 하는데…' 하고 생각할지도 모르겠다.

혹시 "다른 사람들이 내 은사를 온전히 알아줄 때까지, 악기는 지하실에 처박아 두어야지!"라고 말하고 싶은가?

'당신이 있는 곳에서 꽃을 피우라'는 속담이 있다. 그 말은 정말 진리다. 이것은 구약의 요셉에게도 마찬가지로 적용된다. 요셉의 형들은 그를 이스마엘 사람인 상인들에게 팔아버렸다. 냄새나고 여기저기 침을 뱉어대는 낙타 뒤를 따라 이집트로 가면서 요셉은 "하나님, 꿈속에서는 형들이 나한테 절을 했는데 이런 노예 꼴이 뭡니까?"라고 물었을 것 같다.

그렇지만 요셉은 노예로서도 신실하게 살아갔다. 작은 일에 충성했기 때문에 하나님은 그가 보디발의 집에서 중요한 위치에 올라갈 수 있도록 하셨다. 그리고 계속되는 유혹 속에서도 요셉은 자신이 뿌리박은 곳에 충성스럽게 서 있었다. 그런데도 감옥에 들어가게 되다니! "아니, 형들이 저한테 절하게 되어 있었잖아요. 제 인생 계획에 이렇게 큰 문제를 만나는 일은 없어야 하는 것 아닌가요? 그런데 감옥에 가다니 이게 뭡니까?" 요셉은 냄새나는 이집트의 감옥에 앉아서 하나님께 이렇게 불평할 수도 있었다.

그렇지만 요셉은 몇 년 동안이나 감옥에서도 믿음을 버리지 않았고, 하나님은 감옥 안에 있는 요셉에게 역사하셨다. 그의 태도는 자만에서 겸손으로 바뀌었고 그의 마음은 하나님의 때와 계획과 목적에만 집중하게 되었다.

결국 요셉은 이집트에서 두 번째로 높은 위치까지 올라가게 되었다. 몇 년 후에 이루어진 하나님의 꿈은 형들이 요셉에게 절하는 것만이 아니라 하나님의 백성들이 구원받는 훨씬 더 놀라운 일이었다.

반응 없는 사람들 앞에서 예배를 인도하는 것이 이집트의 감옥 안에 있는 것보다 낫다. 예배팀 뒤쪽에서 드러나지 않게 기타를 치는 것이 사막에서 낙타 떼를 뒤따라 걷는 것보다 낫다.

오늘 당신에게 이런 도전을 하고 싶다. 당신이 있는 곳에서 꽃을 피우라! 아무런 반응을 보이지 않는 회중을 대상으로 찬양하라. 성장할 잠재력을 지닌 열세 살짜리 드럼 주자에게 기회를 줘보라. 하나님이 세워두신 곳이 어디든 그곳에서 충성하라.

가장 큰 감격을 맛볼 때는 사람들이 당신을 존경하게 되거나, 당신의 훌륭함을 알아줄 때가 아니다. 가장 큰 감격은 하나님이 그분의 위대한 계획을 이루시는 데 당신을 사용했다는 사실을 겸손함으로 깨달았을 때다.

자, 지금이 지하실에서 나올 때다.

1
생각과 태도를
다듬는 예배자

사역을 즐거워하라 8

"너희를 인도하는 자들에게 순종하고 복종하라 그들은 너희 영혼을 위하여 경성하기를 자신들이 청산할 자인 것 같이 하느니라 그들로 하여금 즐거움으로 이것을 하게 하고 근심으로 하게 하지 말라 그렇지 않으면 너희에게 유익이 없느니라"
(히 13:17).

불행한 일이지만 찬양대나 예배팀 안에서 내부 갈등, 쓴뿌리, 잘못된 태도들을 쉽게 볼 수 있다. 나는 예배 세미나에 참가할 때마다 리더들이 팀을 이끌어가면서 겪는 갖가지 어려움을 듣는다. 하지만 예수 그리스도의 몸 된 교회로서, 특히 하나님께 드리는 예배를 담당하는 사람들은, 예수님이 십자가에서 각자를 위해 대가를 치르심으로써 얻게 된 화해를 삶으로 증거해야 한다.

예배팀의 리더나 성가사가 연습실의 벽에 위의 말씀을 붙여놓았을 거라고는 생각지 않는다. 물론 이 구절이 목사님들과 교회에 대한 것이지만, 우리가 예배팀에 참여하는 과정에도 동일하게 적용된다. 히브리서 기자는 우리가 리더와 어떻게 관계해야 하는지에 대해서 정확하게 말씀하고 있다. 리더들이 우리를 볼 때마다 웃을 수 있어야 한다는 말이다. 당신의 예배 인도자가 여러분을 즐겁게 이끌어가고 있는가? 만약 그렇지 않다면 당신이 변화되기 위해서 해야 할 몇 가지 실제적인 방법이 있다.

첫째, 매일의 삶 속에서 하나님의 영광에 대한 열정을 보이라. 예배의 시작은 모일 때가 아니라, 사실 일상생활부터다. 모든 예배 인도자들은 모든 곡이 악보대로 정확히 연주되고 악기들도 훌륭하게 연주되길 기대하지만, 예배 인도자들의 가장 큰 관심은 예배 팀원들이 하나님을 예배하는 사람이 되는 것이다. 이 말은 우리가 규칙적인 기도와 성경공부를 통해서 하나님과의 관계를 추구해야 한다는 의미다. 우리는 하나님의 임재와 능력을 지속적으로 구해야 한다.

신학이나 신조들에 대해 더 깊이 공부하면서 하나님에 대한 지식을 넓혀가는 것도 우리의 열정을 계발하는 방법이다. 이런 말을 들으면 마음속에 두려움을 갖는 사람도 있다. 그렇지만 그럴 필요는 없다. 신학이란 단지 하나님을 연구하는 것이다. 신조란 성경이 어떤 주제에 대해서 말한 모든 것을 요약한 것이다. 그 사실을 알든 모르든, 이미 당신은 신학자다. 문제는 좋은 신학자냐 나쁜 신학자냐 하는 것이다. J. I. 패커의 『간략한 신학』(Concise Theology)이나 A. W. 토저의 『하나님을 바로 알자』(생명의말씀사 역간) 같은 책은 지금까지 하나님이 어떤 분인지에 대해서 당신이 알고 있다고 생각한 것보다 훨씬 더 많이, 그분이 정말로 어떤 분인지 알게 도와줄 것이다.

둘째, 실제로 감사를 표현하라. 리더가 당신 팀을 위해서 준비하고, 전화하고, 하나님께 마음을 집중하는 데 들이는 시간을 당신이 얼마나 감사하고 있는지 보여주라. 연습이나 모임에 지각하지 않음으로써 감사의 마음을 전달하고, 음악가들은 언제나 늦는다는 편견을 주지 마라. 빌립보서 2장 3절에서 말씀하듯 자기보다 남을 낮게 여기라. 일찍 도착해서 먼저 준비하고 악기를 조율해 두는 것은 이 말씀을 적용하는 간단하지만 효과적인 방법이다.

특별한 방법으로 팀원들을 격려하는 것도 좋다. 가족 전체가 모였을 때, 아이들이 정직하게 서로를 격려하고 서로 섬길 방법을 찾는 것은 내게 큰 기쁨이다. 이것은 예배팀에게도 마찬가지다.

마지막으로, 음악적 기술을 향상시키라. 몇 년 전에도 부족하던 부분이 여전히 문제를 일으키는가? 지난 6개월 동안 음악적으로 더 성장하였는가? 음악 수업을 듣고, 책을 읽고, CD를 듣고, 세미나에 참가하는 것은 음악적 기술을 높이는 좋은 방법들이다. 팀원 각자가 자신의 기술을 늘려나갈 때, 안주하려는 태도나 경건하지 못한 경쟁을 거부하는 분위기를 만들 수 있다.

다양한 실력을 가진 사람들이 모여 있을 때, 경험이 많은 사람들이 부족한 사람들을 가르칠 수 있다. 음악 이론, 구절법, 반복 악절, 목소리 관리, 마이크 사용, 콘티 짜는 법 등을 가르칠 수 있다. 성장을 위해서 중요한 또 하나의 사실은, 규모가 좀 큰 팀에 적용되는 이야기지만, 다른 악기의 소리가 들리게 연주하는 법을 배워야 한다는 것이다. 특히 코드를 봐야 연주할 수 있을 정도의 실력이라면 이 원칙은 더 중요하다. 예배 팀원이 많고, 그 사람들 모두가 악기를 연주하는 교회에서는 하나의 소리를 만들어 내는 것이 훨씬 힘들다. 완전하게 이상적인 방법은 아니지만, 엔지니어가 모든 악기의 소리를 믹스 안으로 받아 넣기는 하되, 단지 몇 개 악기의 소리만 출력하는 것이 한 가지 방법이다. 일반적으로, 더 많은 사람들이 악기를 연주하면 할수록 각자는 더 조금씩 연주해야 한다. 이 시대의 예배팀에 가장 필요한 것은 서로의 소리를 듣는 것이다.

지금까지 올바른 예배 팀원의 자세에 대해 간략하게 살펴보았다. 여기서는 기쁘게 복종하는 것, 섬기는 것, 충성하는 것, 기도하는 것 등에 대해서는 이야기하지 않았지만 조금만 노력한다면 이런 리스트를 개인적으로 만들 수 있을 것이다. 리스트를 만들 때 예배 인도자의 조언을 참고하면 더 좋을 것이다. 그렇게 할 때에 예배 인도자가 즐겁게 인도할 수 있는 예배 팀원이 될 수 있다.

1

생각과 태도를
다듬는 예배자

스스로를 낮추라 9

"주 앞에서 낮추라 그리하면 주께서 너희를 높이시리라"
(약 4:10).

21세기 미국에서 제일가는 음악가는 전 생애를 바쳐 음악 이론을 공부했거나 악기를 연주한 사람일 것이다. '최고가 되는 것.' 그의 삶은 오직 이 한 가지 목표에 고정되어 있을 것이다. 그는 자신의 목표를 달성하기 위해서 사람들을 이용할 수도 있다. 재능이 탁월하고, 훈련이 잘 되어 있고, 게다가 음악계의 유명 인사들을 두루 알고 있다면 그는 수백, 수천의 사람들과 사회의 저명인사 앞에서도 정기적으로 연주할 기회를 갖게 될 것이다.

그런데 기원전 1,000년 경, 이스라엘 최고의 예배자는 가족의 양떼를 지키고, 자신이 섬기는 신실하신 하나님에 대한 노래를 짓는 데 그의 시간을 들였다. 그는 특별히 영감 있는 음악가는 아니었지만 자신이 하는 일에 꽤 만족해했다. 누군가 재능을 알아주지 않아도 하나님을 예배하고 섬기는 것에 만족했다. 상급으로 그는 하나님과 친밀함을 누리게 되었고, 하나님이 보호자이자 공급자임을 알게 되었다. 또한 그것을 목표로 삼지는 않았겠지만, 자신의 음악적인 은사들을 계발해 나감으로써 이스라엘 왕 앞에 설 수 있게 된다.

오늘날의 성공 개념이 다윗의 성공 개념과 매우 다르다는 사실이 놀랍지 않은가? 성경이 다윗을 하나님의 "마음에 맞는 사람"(삼상 13:14)이라고 말한 것을 기억한다면 그 차이점은 더 중요하다. 다윗의 태도가 정말로 하나님의 마음에 합했다면, 오늘날의 성공 개념은 무엇을 의미하는가?

시편 51편 17절에서 다윗은 "하나님께서 구하시는 제사는 상한 심령이라 하나님이여 상하고 통회하는 마음을 주께서 멸시하지 아니하시리이다"라고 했다. 어느 날 나는 오늘날의 음악가들의 삶에서 뿐만 아니라 심지어 교회에서조차 "상한 심령"이나 "통회하는" 모습을 거의 볼 수 없다는 사실을 깨닫고 두려웠던 적이 있다. 오늘의 교회는 '완벽하고 웅장한 예배'를 목표로 하는 것처럼 보인다. 심지어 '완벽하고 웅장한 예배를 드리는 것이 하나님을 위하는 것'이라고 말한다.

그렇지만 궁극적으로 주님은 우리의 은사가 아니라 마음을 원하신다. 우리가 배운 모든 기술들은 영원하지 않다. 하나님은 상하고 통회하는 심령들을 찾고 계시고, 자기중심적인 사람이 아닌 하나님께 마음의 초점을 맞춘 사람들을 찾고 계신다.

예수님이 태어나시기 오래 전에 다윗은 이미 종이 되는 것과 작은 일에 충성하는 것이 무엇인지 잘 알고 있었다(눅 19:17). 그는 하나님이 미래를 주관하시는 분이라는 사실을 알고는 자신에게 주어진 모든 것을 성실하게 해냈다. 그가 왕위에 오른 것도 그의 힘이 아니라 하나님의 손이 이루신 것이었다. 사무엘이 기름을 부은 다음에도, 다윗은 자신의 힘으로 어떤 일을 하려 하지 않았다. 오히려 하나님이 주권을 행하시도록 자신의 권리를 포기했다. 이 시대에 우리가 살아가는 방법과 너무나 다르지 않은가!

사람들이 칭찬할 때 어떻게 반응하는가? "아, 네. 하나님께서 그분 자신을 저에게 많이 부어주셨습니다." 주저함 없이 이렇게 말하는가? 잠언 27장 21절은 "도가니로 은을, 풀무로 금을, 칭찬으로 사람을 단련하느니라"고 말씀한다. 사람들이 당신의 은사를 칭찬할 때 어떻게 반응하는지 보면 당신이 겸손한지 아닌지 알 수 있다.

예수님은 섬김을 받으러 온 것이 아니라 섬기러 오셨다고 우리에게 말씀하셨다. 그리고 제자들에게 예수님이 하신 대로 살라고 가르치셨다. 마가복음 9장 35절에서 예수님은 "누구든지 첫째가 되고자 하면 뭇 사람의 끝이 되며 뭇 사람을 섬기는 자가 되어야 하리라"고 말씀하신다. 지금 우리 사회의 성공관과 얼마나 다른가!

종이 되는 것이 무엇인지 정말로 이해하지 못할 수도 있다. 그러므로 어떻게 하면 우리의 삶 가운데 종의 자세를 나타낼 수 있는지 하나님께 물어 보아야 한다.

실제로 우리는 여러 면에서 종이 될 수 있다. 즉, 말과 행동의 모든 면에서 하나님께 순종하고 예배함으로써 하나님을 섬길 수 있다. 또 사람들을 예배 가운데로 인도하는 것을 끊임없이 배우고 성장함으로써 교회를 섬길 수 있다. 말과 행실에 존경을 담아 목사님을 섬길 수도 있다. 매일매일의 삶 속에서 예수님과 다윗처럼 겸손한 종이 될 것을 결정해야 한다. "주 앞에서 낮추라 그리하면 주께서 너희를 높이시리라." 하나님의 약속은 분명히 이루어질 것이다. 우리가 할 일은 낮추는 것이고, 그러면 하나님이 높이신다.

---

* 탐 크라우터의 『하나님의 손에 훈련된 예배 인도자』(예수전도단 역간)에서 인용(재번역)

1

생각과 태도를
다듬는 예배자

하나님께 온전히 위탁하라 10

"여호와의 눈은 온 땅을 두루 감찰하사
전심으로 자기에게 향하는 자들을 위하여 능력을 베푸시나니"
(대하 16:9).

꽤 오랜 시간, 이스라엘과 유다는 서로 분리되어 있었을 뿐 아니라 서로 반목 상태에 있었다. 이런 갈등의 시기에 이스라엘의 왕 바아사는 유다를 매우 괴롭혔다. 그러자 유다의 왕 아사는 이스라엘과 직접 맞붙기보다는 다른 나라와 동맹을 맺어서 문제를 해결해야 한다고 생각했다. 아사는 여호와의 전뿐 아니라 왕궁의 금과 은들을 모두 벗겨내어 아람 왕에게 보내고는, 자신과 동맹을 맺어 이스라엘을 공격해달라고 부탁했다. 아람은 이스라엘을 공격했고, 결국 이후에 이스라엘은 망하고 유다만 남게 되었다.

이 부분을 읽으면서, 나는 유다의 왕인 아사가 성전의 귀중한 것들을 취해 뇌물을 주면서까지 아람을 의지했다는 것이 참으로 이상했다. 왜 하나님께 도움을 구하지 않았을까? 왜 하나님께로부터 멀어지게 될 그런 행동을 했을까? 왜 가장 높으신 주님께 바쳐진 귀중한 성전의 보물들을 팔아서 아람 왕의 도움을 얻으려 했을까?

이후에 주님은 선견자를 통해서 아사에게 말씀하신다. "왕이 아람 왕을 의지하고 왕의 하나님 여호와를 의지하지 아니하였으므로 아람 왕의 군대가 왕의 손에서 벗어났나이다 구스 사람과 룹 사람의 군대가 크지 아니하며 말과 병거가 심히 많지 아니하더이까 그러나 왕이 여호와를 의지하였으므로 여호와께서 왕의 손에 넘기셨나이다 여호와의 눈은 온 땅을 두루 감찰하사 전심으로 자기에게 향하는 자들을 위하여 능력을 베푸시나니"(대하 16:7~9).

유다가 의지할 수 있는 어떤 민족이나 나라보다도 하나님은 더 큰 도움을 주실 수 있는 분이다. 사실, 하나님은 자신의 능력을 베풀 사람을 찾고 계신다. 하나님은 전심으로 자신을 향하는 사람을 위해 능력을 베풀기 원하신다.

찬양 사역에서 섬기는 사람들은 하나님보다 다른 것에 의존하기 쉽다. 음악과 가사들이 정확하게 전달되기 위해서 사운드 시스템의 수준을 올려야 하고, 새 노래나 새로운 스타일의 음악을 시도하려면 악기를 새로 구입해야 한다. 찬양단이나 보컬이 노래를 더 잘할 수 있도록 시간과 돈을 투자해야만 한다. 그러나 예배를 인도하면서 그런 것들을 의지하면 초점이 잘못 맞춰져 있는 것이다.

수 년 전에 주님은 나에게 너무나 멋진 기타를 하나 주셨다. 그 이야기를 다 하자면 너무 길다. 하여튼 하나님이 그분의 주권으로 주신 것이었다. 사람들은 그 기타의 소리가 맑고 밝다고 말했다. 기타를 만든 장인이 목재를 직접 손으로 골랐기에 내가 좋아하는 음색을 낼 수 있었다. 게다가 그것은 내가 주로 사용하는 기타 줄을 위해서 특별히 만들어졌다. 이 기타를 만든 사람은 이것을 처음 디자인할 때부터 완성할 때까지 계속해서 기도했다. 나는 이 기타를 하나님께 올려드렸고 오직 하나님의 영광만을 위해서 사용할 것이라고 다짐했다.

그렇지만 기타를 얻게 된 지 얼마 되지 않아서, 나는 주님보다 기타에 더 의존하기 시작했다. 기타의 소리가 매우 좋고, 기타에 대한 마음을 하나님께 드렸기 때문에 당연히 사람들의 반응도 좋을 거라고 생각했다. 내가 그 '축복 받은' 기타로 예배를 인도하는 한, 그 예배는 훌륭할 것이라고 생각했던 것이다.

그렇지만 곧 초점이 잘못되어 있다는 사실을 알게 되었다. 아사처럼 나는 하나님이 아닌 다른 것을 의지하고 있었다. 물론 상황은 달랐지만 마음의 태도는 같았다. 아사는 하나님이 아니라 다른 군대를 의존했고, 나는 하나님이 아니라 악기를 신뢰하고 있었던 것이다. 아사 왕이나 나의 마음 모두가 위대한 하나님이 보시기에는 타락한 마음인 것이다.

주님이 우리에게 원하시는 것은 그분께만 온전히 위탁하는 것이다. 하나님은 우리의 믿음과 신뢰가 오직 그분께만 있기를 바라신다. 우리의 재능이나 생각이나 가지고 있는 모든 것들이 아니라 가장 높으신 주님만을 의지하기를 원하신다.

우리가 우리 자신이나 다른 것이 아니라 하나님만 바랄 때에 그분은 우리에게 능력 베푸실 방법을 찾으신다.

"여호와의 눈은 온 땅을 두루 감찰하사 전심으로 자기에게 향하는 자들을 위하여 능력을 베푸시나니!"

1

생각과 태도를
다듬는 예배자

사람들의 평가를 두려워하지 마라 11

"사람을 두려워하면 올무에 걸리게 되거니와 여호와를 의지하는 자는 안전하리라"
(잠 29:25).

아마 하나님을 찬양하고 하나님께 예배를 드릴 때보다 우리의 모습이 더 '거룩'해 보일 때는 없을 것이다. 목소리 높여 찬양하고, 얼굴은 밝게 빛나고, 손은 하늘로 올린(아니면 찬송가를 들고 있는) 그런 모습이 예배를 드리는 진정한 모습이다. 동의하는가?

그렇지만 문제는 "누가 예배 받으시는가?"다. 다른 그리스도인들을 찬양 가운데로 인도하고 있으니, 당연히 나 자신도 하나님을 예배한다고 가정해 버리는 것은 위험하다. 당신도 잘 알다시피 입으로는 하나님을 찬양하면서도 마음속으로는 거룩하지 못하고, 자기중심적인 생각을 할 때가 있다. 겉으로는 하나님을 예배하면서 속으로는 자신을 예배하는 것이 가능하냐고 묻고 싶은가? 그에 대한 대답은 슬프지만, 가능하다는 것이다.

예수님은 당시의 종교 지도자들이 갖고 있는 이런 위선적인 태도들과 직접 부딪치셨다. "그들의 모든 행위를 사람에게 보이고자 하나니"⁽마 23:5⁾. 예수님이 얼마나 정확하게 그들의 행동을 고발하고 있는지 보라! 다른 사람들이 그들의 옷이나 기도나 가르침으로 그 사람들을 평가하는 동안, 예수님은 그들의 진정한 동기를 보셨다. 예수님은 종교 지도자들이 회당에서 가장 중요한 자리를 차지하거나 사람들이 자신들을 '랍비'라고 불러주는 것을 얼마나 좋아하는지를 지적하셨다. 무엇이 문제였는가? "그들은 사람의 영광을 하나님의 영광보다 더 사랑하였더라"⁽요 12:43⁾. 문제는 사람들에게 인정받기를 원한 것이 아니라, 하나님께 인정받기보다 사람에게 인정받기를 더 구했다는 데 있다. 사람을 두려워한 것이 올무가 된 것이다.

우리가 AD 1세기에 너풀거리는 옷을 입고 거드름 피우는 바리새인이 아니라는 사실에만 만족해서는 안 된다. 바리새인의 영은 여전히 우리 세대 가운데에도 살아있다. 이것이 어떻게 나타나는지 살펴보자.

당신 자신에게 몇 가지 질문을 해보라. 주일 아침에 어떤 옷을 입을지 옷장에서 고르는 동안에 당신은 어떤 것을 의식하고 있는가? "저 옷은 너무 오래되어 못 입겠어. 유행이 지나버렸잖아!", "이 옷은 지금 유행이니 다른 사람들의 관심을 받을 수 있을 거야" 하고 생각한 적은 없는가? "휴, 오늘은 입을 옷이 없네!" 하고 속상해한 적도 있었을 것이다. 물론 가장 멋진 모습으로 교회에 가고 싶어 하는 것 자체가 나쁘지는 않다. 그렇지만 우리가 하나님 앞에 어떻게 드러낼까보다 다른 사람들의 눈에 어떻게 보일지에 더 관심을 기울일 때, 진정한 속마음이 드러나는 것이다. 누구의 의견이 가장 중요한가? 그것이 정말 중요한 질문이다.

또 하나, 예배에 참석했을 때 마음을 채우고 있는 생각들은 무엇인가? 온 우주의 왕께 우리의 전심을 드리기를 간절히 원하는가, 아니면 다른 사람들이 어떤 옷을 입었는지, 누가 나를 반기는지, 어떤 사람이 주목받고 있는지에 대한 생각들로 가득 차 있는가?

예배팀이나 리더들은 이 영역에서 엄청난 도전을 받는다. 예배하면서 하나님께 초점을 맞추려고 노력하지만, 그 초점을 우리 자신에게로 돌리는 유혹 또한 받게 된다. (최신 유행하는 방법으로 예배하기 원하는 요즘의 문화는 이 문제를 더 복잡하게 만든다.) 그래서 어떤 교회들은 예배팀의 역할에 한계를 주기도 하고, 반주팀이 강대상 구석에 위치하게 한다든지, 예배 인도자가 할 수 있는 영역을 제한하기도 한다. 그렇지만 가장 중요한 문제인 인간의 죄성으로 가득한 마음에 대해서 짚고 넘어가지 않는다면 그런 여러 대책들은 결국 실패하고 말 것이다.

대부분이 노골적으로 거만한 태도는 피할 만큼 지혜롭지만, 그럼에도 불구하고 리더들은 자기를 높이려는 유혹에 흔들리기 십상이다. "오늘 아침에 나 정말 잘하지 않았어?" 이런 질문들을 직접 하지는 않지만 속으로는 많이 하고 있지 않은가! 다음은 우리가 마음속에 어떤 생각을 하고 있는지 점검해 볼 수 있도록 도와주는 몇 가지 질문들이다.

1. 다른 사람들이 당신을 어떻게 생각하는지 불안한가? 그리고 그 때문에 예배를 인도할 때 새로운 시도를 하는 것이 두려운가? 자

신 없는 일을 부탁받았을 때, 당신의 연약함을 사용하실 하나님을 신뢰하며 새로운 기회를 붙잡는가, 아니면 그냥 조용히 머물러서 아무도 당신이 실수하는 모습을 보지 못하게 하려 하는가? 기회를 향해서 앞으로 나아가는 데는 겸손이 필요하지만, 조용히 머무는 것은 자만의 증거다.

2. 다른 사람들이 하나님께 받은 은사들 때문에 마음이 혼란스럽거나, 위협을 느끼거나, 분개하는가? 당신보다 은사가 더 많은 사람을 진정으로 격려해줄 수 있는가? 지금 함께하는 예배 팀원들의 은사를 먼저 발견하여 그들의 은사를 격려해주어야 한다. 긍정적으로든, 부정적으로든 계속해서 우리 자신을 다른 사람들과 비교한다면 격려하기란 매우 어려울 것이다. 어떤 경우는 마음속에 있는 진짜 생각들은 드러내지 않고 자신의 은사나 공헌을 일부러 낮게 평가하는 경우도 있다.

그럴 때 사람들이 우리를 격려하고 칭찬할 것이고, 우리는 그렇게 되기를 은근히 원하고 있는지도 모른다. 자신이 가지고 있는 은사에 대해 부정적으로만 이야기하면, 오히려 다른 사람들이 우리가 가진 은사에 대해 정직하게 평가하기 어렵게 된다.

3. 당신이 선택되지 않았거나, 더 쓰임 받고 있지 않는다는 이유로 마음에 상처를 받거나 좌절하는가? 싱어나 연주자들이 스케줄에 따라 번갈아가면서 섬기는 경우나, 특별한 행사를 준비하고 있을

때 이런 마음이 더 많이 들 수 있다. 하나님은 다양한 수준의 은사를 각 사람들에게 주신다. 그것을 믿지 않는다면 어리석은 것이다.

4. 당신이 특별하게 효과적으로 쓰임 받았던 예배에 대해서 떠올릴 때면, 하나님이 다른 사람이 아니라 당신을 사용하셨다는 사실만이 강하게 남아 있는가? 다른 사람들과 대화할 때에, 종종 그들이 당신이 했던 사역을 칭찬하기를 기대하면서 그 예배에 대해서 언급하는가?

만약에 이런 질문 때문에 마음이 상했다면, 당신만 마음이 상한 것이 아니라는 사실을 알아두라. 내가 아는 목사님은 "아직 아프다면, 죽지는 않으셨군요"라고 종종 이야기하셨다. '죽지는 않았다'라는 말은 하나님보다 더 많은 영광을 받고 싶어 하거나, 하나님과 그 영광을 나누어 갖고 싶어 하는 우리의 마음을 말하는 것이다. 다행스럽게도 그런 일은 일어나지 않는다. 하나님은 우리를 너무나 사랑하시기 때문에 우리가 그런 거짓말 가운데서 살아가게 하지 않으신다.

위의 질문들이 우리를 아프게 한다면 그 질문을 통해 드러난 죄를 가차 없이 없애야만 한다. 내가 발견한 가장 효과적인 방법 중 하나는, 예배팀에 있는 다른 사람들에게 그런 교만한 생각을 고백하는 것이다. 처음에는 좀 두렵겠지만 하나님은 우리가 겸손할 수 있도록 은혜를 주시겠다고 약속하신다. 그런 겸손이 맺는 열매가 얼마나 아름다운지!

우리의 교만한 마음마저도 깨끗케 하시는 구주가 계시다는 사실, 우리 자신보다 하나님의 영광에 더 초점을 맞추도록 하시는 구원자가 계시다는 사실에 대해서 감사하자.

1

생각과 태도를
다듬는 예배자

동기를 점검하라 12

"사독과 아비아달은 제사장이 되고"
(삼하 20:25).

사독과 아비아달이라는 두 제사장이 있었다. 그들은 여러 면에서 비슷했지만, 그들의 삶은 완전히 달랐다. 사독의 혈통은 하나님이 축복하셨지만, 아비아달의 혈통은 심판받았다.

그들은 거의 평생을 같이 사역했다. 사독과 아비아달은 다윗 왕 시대에 언약궤를 성전으로 옮길 임무를 맡을 제사장의 명단의 가장 위에 올랐던 두 사람이다. 그리고 압살롬의 반역으로 인해서 언약궤를 예루살렘 밖으로 옮겨야만 했을 때, 다윗 왕은 이 두 사람에게 그 책임을 맡겼다.

그렇지만 다윗의 통치 말년에, 이 두 제사장은 누가 다윗의 뒤를 이을지를 놓고 날카롭게 대립했다. 아비아달은 "스스로 높여서 이르기를 내가 왕이 되리라"(왕상 1:5)고 말했던 아도니야의 편을 들었다. 그렇지만 사독은 아도니야의 과도한 야욕을 전혀 인정하지 않고, 다윗의 명령에 따라서 하나님이 선택하신 솔로몬에게 기름을 부었다.

열왕기상 2장 27절에서 우리는 "(솔로몬이) 아비아달을 쫓아내어 여호와의 제사장 직분을 파면하니 여호와께서 실로에서 엘리의 집에 대하여 하신 말씀을 응하게 함이더라"는 말씀을 볼 수 있다. 반대로 400년이 지난 다음 에스겔은 사독의 후손들이 여전히 주님을 신실하게 섬기는 위치에 있었다는 사실을 44장에서 기록하고 있다.

무엇이 그렇게 큰 차이를 만들었는가? 어떻게 하면 우리의 후손들이 사독의 자손들이 받은 상을 받을 수 있을까? 사독과 아비아달의 삶은 사람들의 마음속 깊이 있는 동기의 문제에 대해 환상적이고도 교훈적인 차이점을 보여준다. 그들의 행위 뒤에 숨어 있었던 동기는 지금의 우리에게도 있는 마음의 동기다. 좀 더 자세히 보도록 하자.

사독은 비느하스의 후손이었다. 비느하스는 사독보다 500여 년 전에 살았던 사람인데, 하나님이 미워하셨던 것을 미워했기 때문에 영원한 제사장 직분의 언약을 받은 사람이었다. 비느하스가 이런 상을 하나님께로부터 받은 것은 그가 하나님의 "질투심으로 질투" 했기 때문이라고 성경은 말한다(민 25:11).

반대로 아비아달은 그의 선조인 엘리 제사장이 '자신'을 섬기는 사역을 하는 동안 가졌던 동기를 대물림 받았다. 하나님은 엘리 제사장에게 "네 아들들을 나보다 더 중히" 여긴다고 말씀하셨다.[3]

---

3 역주 : 사무엘상 2장 29절

엘리 제사장의 아들들은 부도덕하고, 다른 사람들의 제물을 빼앗으며 자신들의 지위를 남용했던 사람들인데, 엘리는 그들을 하나님보다 더 중요하게 생각했다. 중요하게 여길 만한 가치 있는 것이 전혀 아니었음에도….

이제 문제의 본질적인 부분으로 들어가 보자. 사독의 혈통은 그 무엇보다도 하나님을 중히 여겼다. 그렇지만 아비아달의 혈통은 가치 없는 것들을 귀히 여겼다. 이 차이는 하나님을 기쁘게 하려는 열정과 자신을 섬기려는 열정의 차이다. 전자의 열정은 자신을 보내신 분의 뜻대로 살려 했던 예수 그리스도의 영을 갖는 것이고(요 5:30), 후자의 열정은 디모데후서 3장에 기록된 "자기를 사랑하며…쾌락을 사랑하기를 하나님 사랑하는 것보다 더" 하는 이 세상의 사람들의 영을 갖는 것이다. 아이러니한 점은 자신을 예배하는 이런 열정은 대부분 종교의 형태를 띤다는 것이다. 바로 "경건의 모양은 있는" 사람들의 열정이다.

엘리와 그의 아들은 제사장직을 맡고 있었다. 이 시대의 예배 인도자들처럼 희생 제사를 담당하고 있었던 것이다. 그렇지만 엘리의 문제가 드러났던 순간은 그의 아들들이 '자기'라는 신을 경배하는 것에 대해서 훈계하지 못한 때였다.

마찬가지로, 엘리의 후손인 아비아달은 사독처럼 존경받는 제사장이었다. 그렇지만 그의 진정한 동기가 드러난 순간은 아도니야가 자기 자신을 왕이라 칭했을 때다.

우리에게 있어 결정적 순간들은 그들처럼 자녀들을 훈계하거나, 정치적인 선택을 하는 순간이 아닐 수도 있다. 교회에 분열이 생길 때 어떻게 행동하는지에 따라 드러날 수도 있고, 누군가가 당신이 정말 원하는 음악은 하지 못하지만 돈을 많이 벌 수 있는 계약서를 내밀었을 때가 바로 그런 순간이 될 수 있다. 또한, 당신이 하는 일과 관련된 어떤 문제에 대해서 입을 닫는 조건으로 계속해서 그 일을 하게 되는, 바로 그런 때일 수 있다. 그 때 당신 마음속에는 어떤 동기가 있는가?

행동은 결정에 따라서 나오고, 결정은 가치를 따르며, 가치는 우리 마음 깊은 곳에 자리 잡고 있는 동기에서 비롯한다. 그런데 그 동기는 우리가 진정으로 예배하는 대상과 깊은 관계가 있다. 잠언 4장 23절은 "모든 지킬 만한 것 중에 더욱 네 마음을 지키라 생명의 근원이 이에서 남이니라"고 말씀한다. 결과는 우리의 마음속에서 이미 결정되는 것이다.

예배는 단지 우리가 부르는 노래가 아니다. 그리고 우리가 선택하는 스타일도 아니다. 예배는 우리가 매순간 어떤 결정을 할 때마다 하나님을 높이는 것이다. 당신이 요즘 스타일의 예배 사역에 있다는 것이 사독보다는 아비아달처럼 행동할 위험에서 벗어나게 해주지는 못한다.

진정한 예배는 제멋대로의 세상 한가운데에서 드려지는 살아 있는 제사다. 대다수의 사람들과는 다르게, 매일 우리의 십자가를 지고 그분께 순종하는 것이 예배다. 다른 사람이나 야망, 소유나 다른 어떤 것이라도 하나님보다 더 높이지 않으려고 주의하며 살아가는 것이 예배다. 요한복음 7장 18절에서 예수님은 다음과 같이 말씀하신다. "스스로 말하는 자는 자기 영광만 구하되 보내신 이의 영광을 구하는 자는 참되니 그 속에 불의가 없느니라" 그런 예배자가 진정한 사독의 자손이라고 할 수 있다.

사독의 사역은 주님을 향한 것이었다.[4] 요즘에는 예배가 하나님을 향한 사역이라는 말을 거의 들을 수 없다는 사실이 참 놀랍다. 에스겔 44장은 차이점을 분명히 하고 있다. 많은 제사장들이 하나님의 백성을 섬길 수 있었지만, 오직 사독의 자손들만 주님을 섬길 수 있었다.

사무엘상 2장 35절에 한 이름 없는 하나님의 사람이 와서는 엘리의 가문을 저주하면서 사독에 대해 "내가 나를 위하여 충실한 제사장을 일으키리니 그 사람은 내 마음, 내 뜻대로 행할 것이라 내가 그를 위하여 견고한 집을 세우리니 그가 나의 기름 부음을 받은 자 앞에서 영구히 행하리라"고 예언한다.

아마도 사독은 다음과 같은 말을 매일 묵상했을 것이다. "하나님의 생각과 마음속에 있는 것을 충실히 행하자. 그리고 주님을 계속해서 섬기자."

모든 예배팀과 예배자, 우리 모두가 이런 사독의 열정을 갖기를 소원한다!

■
4 역주 : 에스겔 44장 15절

1

생각과 태도를
다듬는 예배자

완벽주의 성향을 다스리라 13

"이는 그가 우리의 체질을 아시며 우리가 단지 먼지뿐임을 기억하심이로다"
(시 103:14).

"무슨 일이 있어?" 아내가 물었다.

"아무것도 아니야."

"무슨 일이 있는 것 같은데? 도대체 뭐가 문제인데?"

"오늘 아침예배 때 모든 게 엉망진창이었잖아."

나는 대답했다.

"모든 게 잘못되었다고? 난 어떤 게 엉망이었는지 전혀 기억나지 않는데?"

아내는 믿지 못하겠다는 투로 대답했다.

"당신 어디 있었어? '거룩, 거룩, 거룩' 다음에 '사랑하는 나의 아버지'가 이어질 때 기차 부서지는 것 같은 소리가 났다구. 드럼 연주자가 두 곡이나 엔딩을 놓쳤고, 마지막 찬양을 부를 때는 모니터 스피커가 작동하지도 않았어. 예배 전체가 완전히 엉망이었다구!"

그러자 아내가 피식 웃었다.

"내 얘기 좀 들어봐. 찬양 모두 잘 연결됐어. 딱 한 곡만 빼고. 드러머는 찬양 두 곡에서만 엔딩을 제대로 못했던 거고, 모니터는 마지막 찬양을 부를 때 말고는 잘 작동했어. 그렇지 않아?"

"음… 그래, 맞는 것 같아."

"그러면 사실 거의 모든 게 제대로 된 거잖아!" 아내가 더 크게 웃으면서 말했다.

"아냐 아냐, 당신은 잘 몰라."

이렇게 우겼지만 정말 잘 몰랐던 것은 바로 나였다는 것을 인정할 수밖에 없다. 많은 음악가들과 마찬가지로 악성 전염병 같은 치명적인 고민거리, 즉 완벽주의로 나 또한 고통 받았다. 이 사실을 인정하는 데 정말 오랜 시간이 걸렸다. 통계에 의하면 음악 하는 사람들 거의 모두가 이 질병을 가지고 있다고 한다. 아흔아홉 가지가 제대로 되고 딱 하나가 잘못되었다 해도, 잘못한 그 하나만 기억하게 만들기 때문에 이 병에 걸리면 힘과 즐거움은 모두 사라지고 만다.

위에서 말한 것처럼 실수투성이 예배가 지난 25년간 사역하는 동안에 흔히 있었다 해도 과언이 아니다. 내가 인도했던 수백 번의 예배 중에서 정말 모든 것이 제대로 된 것은 손에 꼽을 것이다. 사실, 수많은 예배 인도자들이 정말 모든 것이 제대로 된 예배를 드려본 적이 한 번도 없다고 내게 말했다. 내 경우에 완벽주의는 더 심각했다.

그런 내게 『예술가의 마음』이라는 로리 놀랜드의 책은 큰 영향을 주었다. 윌로우 크릭의 음악 목사인 로리는 책에서 완벽주의적인 심리에 대해서 말하고 있다. 로리는 그의 삶에 존재하는 이 문제를 언급하면서 자신의 불완전함에도 불구하고 상황들과 하나님이 일하시는 방법들은 아주 정상적이었다는 사실을 의식적으로 인정한다. 그는 이렇게 말한다.

"아내가 나에게 아미쉬[5] 공예에 대한 재미있는 이야기를 해주었다. 아미쉬 사람들은 공예 제품을 만들 때 일부로 결점을 넣는다고 한다. 천의 무늬 하나가 조화되지 않게 하든지, 퀼트의 일부가 중심에서 약간 어긋나게 한다든지 하는 것이다. 그렇게 함으로써 오직 하나님만이 완벽하시다는 사실을 기억했다. 사람들이 긍정적인 것을 과소평가하지 않고, 하나님이 우리 안에 그리고 우리를 통해서 일하신다는 사실을 맛볼 수 있기를 바라는 마음에서, 우리 교회의 싱어들에게 몇 년 전에 이 이야기를 해주었다. 그로부터 얼마 후에 나와 오랫동안 열심히 일해 온 비서, 리사 메르튼스가 '맛보세요(savor it)'라고 새긴 십자수를 팀원들 각각에게 만들어 주기로 했다. 그런데 그녀는 우리 인간의 약함을 기억하기 위해서 아미쉬의 전통을 따라 일부러 십자수를 틀리게 만들었다. 의도적으로 it의 i에서 점을 빼고 만들었던 것이다. 오직 하나님만 완벽하시다는 것을 기억하게 하기 위해서였다."[6]

---

5 역주 : 1600년대 메노나이트에서 분리한, 현대 문명의 이기를 거부하고 아주 간소한 옷차림과 단순한 생활 양식을 하는 사람들.
6 Rory Noland, *The Heart of the Artist*(Grand Rapids, Mich. : Zondervan Publishing, 1999). p. 124.

최선을 다하지 않는 것을 옹호하는 것은 아니다. 하나님은 우리가 드릴 수 있는 최고의 것을 받으실 만한 가치 있는 분이다. 하지만 "이는 그가 우리의 체질을 아시며 우리가 단지 먼지뿐임을 기억하심이로다"(시 103:14)라고 성경은 말씀한다. 하나님은 우리가 실수를 하고, 우리 주위의 사람들도 실수한다는 사실을 알고 계신다. 그리고 다행스럽게도 바로 그곳에 하나님의 은혜가 함께하신다. 우리가 기대하는 완벽함의 수준에 미치지 못하더라도 하나님의 은혜는 여전히 충분하다.

수년 동안 실수투성이로 보이는 예배 가운데에서 하나님이 행하신 일들은 놀라웠다. 우리가 거의 모든 것을 잘못했다고 생각했을 때에도, 마가복음 7장 37절에서 사람들이 예수님에 대해 "다 잘하였다"라고 했던 것처럼 주님은 우리에게 그렇게 말씀하신다.

우리가 실수해도 하나님은 언제나 신실하시다. 하나님의 신실하심과 은혜의 충만함을 제대로 알고 나서야 나는 완벽주의라는 병을 이길 수 있었다. 나는 여전히 최선을 이루어내기 위해서 열심을 다한다. 그렇지만 결과는 항상 주님께 달려 있다. 그리고 '모든 것이 잘못되었어'라는 완벽주의적인 생각에 빠지려는 유혹이 올 때면, 오직 하나님의 은혜를 의지하고 하나님이 옳게 하신다는 사실에만 초점을 맞춘다.

---

* 탐 크라우터의 『50인의 예배 인도자 Ⅱ』(횃서북스 역간)에서 인용-(재번역)

1

생각과 태도를
다듬는 예배자

예배할 때 믿음을 사용하라 14

"믿음이 없이는 하나님을 기쁘시게 하지 못하나니 하나님께 나아가는 자는 반드시 그가 계신 것과 또한 그가 자기를 찾는 자들에게 상 주시는 이심을 믿어야 할지니라"
(히 11:6).

예배에 대한 대부분의 논쟁들은 어떤 스타일로 해야 할지에 관한 것이다. 현대적인 음악으로 예배할 것인가, 아니면 전통적인 음악으로 예배할 것인가? 우리의 교회는 고교회여야 할 것인가, 저교회여야 할 것인가?[7] 예배는 경건해야 하나, 아니면 축제 분위기여야 하나?

지금 다니고 있는 교회에서 어떤 식으로 예배하든, 개인적으로 이 주제에 대해서 어떻게 생각하든, 예배에 대한 더 중요한 문제는 바로 믿음이다. 우리의 예배가 외적으로 어떻게 보이든 간에, 믿음이 없으면 그 예배는 의미가 없다. 성경의 단어들을 사용해서 노래를 부르거나 예배에 대해 강조하는 교회를 다닌다 해도, 이것이 진정한 예배를 드리고 있다는 증표는 아니다. 믿음이 없이는 하나님께 나아

---

7 역주 : 영국 국교회에서 처음 일어난 구분. 고교회(High Church)는 교회와 성례를 중요시하는 데 반해서 저교회(Low Church)는 복음과 말씀을 중시한다.

갈 수 없고 아무것도 얻을 수 없다는 사실을 성경은 분명하게 기록하고 있다. "우리가 그 안에서 그를 믿음으로 말미암아 담대함과 확신을 가지고 하나님께 나아감을 얻느니라"(엡 3:12).

믿음은 무엇을 포함하고 있는가? 성경적인 믿음에는 최소한 세 가지 핵심적인 요소가 있다. 첫째는 하나님의 말씀에 대한 지식이다. 로마서는 "그러므로 믿음은 들음에서 나며 들음은 그리스도의 말씀으로 말미암았느니라"(롬 10:17)고 말씀한다. 우리는 하나님이 말씀하시는 것을 알아야만 한다. 그것은 하나님이 자신에 대해서 계시하신 것과, 하나님이 하신 일과 하나님의 언약을 아는 것을 의미한다. 믿음은 지나가버리는 감정이나 의견이 아니라 영원한 진리에 기반을 두어야 한다.

믿음의 둘째 요소는 믿는 것이다. 우리는 의식적으로 성경이 말하는 것이 사실이라고 믿어야 한다. 그렇지만 야고보서는 사단도 믿고, 떤다고 기록한다. 그런 것은 분명히 믿음이 아니다.

그렇기 때문에 셋째 요소가 필요한 것이다. 믿음의 마지막 요소는 하나님을 기쁘게 하는 것, 즉 신뢰하는 것이다. 성경적인 믿음은 하나님이 보시는 시각과, 능력과, 지혜와 넉넉하심을 신뢰하는 것이다. 그 진리들을 단지 믿는 것뿐 아니라 받아들이고 의지하는 것이다. 음악을 연주하고, 노래하고, 손을 드는 행위가 믿음이 있다는 것을 확인해 주지 않는다. 우리는 노래와 말로 고백한 것을 적극적으로 믿어야 한다. 우리의 생각과 사고와 삶이 바뀌도록 믿어야 하는 것이다.

예배를 드리고 하나님을 찬양하면서도, 우리는 마음속으로 곧잘 다른 생각들을 한다. 점심으로 뭘 먹을지, 저녁에 뭘 할지, 해야 할 일들은 무엇인지에 대해서 생각한다. 이런 사람이 나 하나만은 아닐 것이라고 생각한다. 이런 생각들은 마음속에서 믿음을 쫓아내고, 우리의 찬양들을 의미 없게 만든다. 믿음은 우리가 노래하는 영광스러운 진리를 붙잡고 우리의 마음에 영향을 끼친다. 우리는 '강하신 요새는 하나님, 절대로 실망치 않으시네. 우리의 도움 되신 주님은 무서운 질병도 이기시네' 하고 찬양하는 동안에 상황을 이겨 낼 힘을 얻는다. '주 행한 일 기뻐 노래하며 영원히 주님을 찬양하리라 신실하신 주의 약속 나 받았네'라고 찬양함으로써, 이 땅에서 얻는 기쁨은 우리를 진정으로 만족시킬 수 없다는 사실을 기억하는 것이다. 진심으로 찬양할 때 우리의 하나님이 얼마나 높고 위대하시며 그분이 행하신 일이 얼마나 큰지를 새롭게 알게 되는 것이다.

우리는 또한 예수 그리스도가 이미 이루신 일들에 대해서도 믿음을 가져야 한다. 우리가 그분께 나아갈 수 있는 길을 하나님이 직접 주시지 않았다면 우리의 예배는 하늘에 이를 수 없을 것이다. 예수님이 우리 대신 속죄 제물로 돌아가셨기 때문에 우리가 하나님께 나아갈 수 있게 되었다는 사실을 믿으라. 우리는 우리의 힘으로 하나님의 임재 가운데 들어갈 수도 없고, 하나님께 드릴 것도 없는 사람들이다.

구약의 역사를 좀 안다면 이런 사실을 훨씬 더 잘 이해할 수 있다. 이스라엘 사람들은 희생 제물의 피가 없이는 하나님께 나아갈 수 없었다. 희생 제물을 바치는 것은, 하나님의 인도하심 없이 하나님의 거룩한 임재 안으로 들어가는 것이 불가능하다는 사실을 선언하는 것이다. 그렇지만 그 제물의 피도 그들의 죄에 대해서 영원히 용서를 받게 해주는 것은 아니었기 때문에 충분하지 않았다. 하지만 하나님은 우리의 문제에 대해 해결책을 제시해 주셨다. 히브리서 기자는 다음과 같이 기록한다. "그러므로 형제들아 우리가 예수의 피를 힘입어 성소에 들어갈 담력을 얻었나니 그 길은 우리를 위하여 휘장 가운데로 열어 놓으신 새로운 살 길이요 휘장은 곧 그의 육체니라 또 하나님의 집 다스리는 큰 제사장이 계시매 우리가 마음에 뿌림을 받아 악한 양심으로부터 벗어나고 몸은 맑은 물로 씻음을 받았으니 참 마음과 온전한 믿음으로 하나님께 나아가자"(히 10:19~22).

우리가 어떻게 하나님께 나아갈 수 있을까? 음악으로? 우리의 연주 실력으로? 간절한 열망이나 가진 달란트로? 아니다. 우리는 예수 그리스도가 우리를 위해서 행하신 일 때문에 하나님께 나아갈 수 있다. 이 사실이, 우리가 전심으로 하나님께 찬양할 수 있도록 얼마나 큰 격려를 주는지 모른다! 하나님은 우리가 아침에 경건의 시간을 가졌기 때문에, 많은 사람들에게 복음을 전했기 때문에, 아니면 찬양팀의 소리가 너무 좋기 때문에 우리를 받으시는 것이 아니다. 예수님이 우리를 위해서 죄를 지시고, 죄의 대가를 대신 받으시고, 우리에게 의의 옷을 입혀주셨기 때문에 우리를 받으시는 것이다. 예수님이 이루신 일이 예배의 처음부터 마지막이라는 사실을 우리는 믿음으로 기억해야 한다.

창조자와 구원자의 얼굴을 주체할 수 없는 기쁨으로 바라볼 수 있기 때문에 믿음이 더 이상 필요하지 않게 될 날이 올 것이다. 그 때까지, 예배에서 믿음은 없어서는 안 될 필수 요소다. 믿음을 거저 생기는 것으로 여겨서는 안 된다.

1
생각과 태도를 다듬는 예배자

하나님의 음성에 민감하라 15

> "여호와께서 세 번째 사무엘을 부르시는지라 그가 일어나 엘리에게로 가서 이르되 당신이 나를 부르셨기로 내가 여기 있나이다 하니 엘리가 여호와께서 이 아이를 부르신 줄을 깨닫고 엘리가 사무엘에게 이르되 가서 누웠다가 그가 너를 부르시거든 네가 말하기를 여호와 말씀하옵소서 주의 종이 듣겠나이다 하라 하니 이에 사무엘이 가서 자기 처소에 누우니라 여호와께서 임하여 서서 전과 같이 사무엘아 사무엘아 부르시는지라 사무엘이 이르되 말씀하옵소서 주의 종이 듣겠나이다"
> (삼상 3:8~10).

우리 예배팀이 캐나다에 있을 때였다. 성전은 완전히 만원이었고 로비도 의자로 꽉 찼다. 우리는 기도하고, 장비를 설치하고, 악기 조율을 끝냈다. 이제 준비가 다 되었다. 예배 순서는 주제에 맞춰 잘 짜여 있었고, 모든 팀원들이 그것을 공유했다.

예배가 시작되었다. 사람들은 손을 들고 찬양했으며, 찬양의 소리는 천장에까지 미쳤다. 사람들은 마음을 하나님께 집중했고, 모든 것이 너무나 멋지고 순적했다. 그런데 하나님은 이 모든 것을 흩어놓기 원하셨다!

콘티에 따라서 연주하고 있는데 하나님이 내 마음속에 조용히 말씀하셨다. '알렌, '오 캐나다'를 불러라.'

나는 매우 놀라서 '뭐라고요! 하나님, 그건 정말 정신 나간 일이에요. 콘티 짜는 데 많은 시간을 들였다는 것을 아시잖아요. 사도 바울도 예배에서 순서를 지키라고 했구요. 게다가 저의 명성은 어떡

하구요? 여기 모인 엄청나게 많은 사람들이 나를 바보라고 생각할 거예요!'

나는 상심한 채 다음 찬양으로 넘어갔다. 그러나 불행하게도 하나님은 나의 항의를 들으려 하지 않으셨다. 하나님은 다시 한 번 내게 조용히 속삭이셨다. "'오 캐나다'를 불러라!"

하나님이 몇 번 더 말씀하신 후에야, 결국 나는 그 조용한 음성에 순종했다. 나는 마음을 단단히 먹고, 눈을 감고, 명성을 지키려는 생각들을 떨쳐버리고는 입을 열어 노래하기 시작했다. '오 캐나다, 우리의 집, 조국이여'

우리 예배팀은 일순간 멍해졌다. 그들은 분명히 내가 정신 나갔다고 생각했을 것이다. 정직하게 말하면, 나도 내 자신이 그렇다고 생각했다. 불쌍한 우리 반주팀은 최신 성가집에는 있지도 않은 노래의 코드를 연주하느라 낭패를 겪었다. 그들은 국가를 기억하기 위해서, 하키 게임을 보러 갔던 순간들을 다시 되짚고 있었다.

그렇지만 주님은 그분이 말씀하신 것이 무엇인지 분명히 아셨다. 미국의 여러 지역을 다니며 사역하는 동안에 나는 캐나다에 정확하게 어떤 일이 일어나고 있는지 알지 못했다. 그렇지만 하나님은 알고 계셨다! 그 날 밤, 퀘벡 주가 캐나다로부터 독립하고자 투표를 했던 것이다.

'하나님 이 나라를 지키소서'라는 구절에 이르렀을 때, 우리는 비로소 왜 하나님이 우리에게 국가를 부르게 하셨는지 알았다. 사람들은 무릎을 꿇고 나라가 분열되지 않도록 기도했다. 그 날 정말 많은 사람들이 눈물을 흘리며 하나님의 보좌 앞에서 간구했다. 결국 퀘벡 주에 거주하는 주민들 51%가 캐나다에 남아있는 것에 찬성표를 던졌다.

우리는 그날 밤 예배의 방향이 그려진 지도를 이미 가지고 있었다. 그렇지만 하나님은 그 목적지가 어디인지 아셨다. 내가 예배 중간에 캐나다 국가를 넣을 계획이 없다는 것도 잘 알고 계셨다.

물론 사도 바울은 고린도전서 14장 40절에서 "모든 것을 품위 있게 하고 질서 있게 하라"고 말한다. 그렇지만 하나님은 때때로 우리에게 꽉 짜인 틀 밖으로 나오라고 하신다. 가끔은, 일반적이지 않기 때문에 예배 콘티에 절대로 넣지 않을 만한 것을 하나님은 요구하신다. 그래서 하나님은 자연적인 변화를 통해서 우리 마음속에 말씀하실 때가 있다. 어떤 때는 후렴 부분을 너무 반복해서 OHP 담당자를 짜증나게 만드는 단순한 것일 수도 있고, 그보다 훨씬 상식 밖의 것일 수도 있다.

나는 이런 행동들이 남용될까 우려하는 사람들을 많이 만났다. 그렇다면 우리가 예배를 인도하면서 어떻게 하나님의 음성을 알 수 있는가? 세 가지 면을 고려해 보자.

1. 하나님께 언제나 순종하려는 마음을 지녀야 한다. 그러기 위해서는 하루 종일 하나님과 교제하고, 그분께 순종하는 삶을 살아야 한다. 쓰러질 때면(분명히 쓰러질 것이다), 재빨리 하나님께로 와서 회개하고 회복의 손길을 경험해야 한다. 사무엘이 어린아이 때 하나님

께 드려진 것처럼 우리 또한 자신을 하나님께 드려야 한다.

2. 우리는 걷기 전에 반드시 기어야 한다. 웅장한 시작을 하기 전에 작은 걸음을 먼저 걸어야 한다. 어쩌면 하나님의 인도하심에 따라 예배 첫 곡을 콘티와는 다르게 시작하는 것일 수 있다. 회중에게 모범이 되도록 손을 들고 예배하는 것과 같이 단순한 것일 수도 있다. 사무엘은 그가 훌륭한 선지자가 되기 이전에 하나님의 성전에서 간단한 일을 하면서 사역을 시작했다.

3. 당신의 목사님이나 예배 팀원들에게 하나님의 음성을 듣는 것에 대해서 말하는 것을 두려워 마라. 당신이 하나님의 음성을 듣고 반응한 믿음의 발자국들을 다시 돌아보라. 당신이 하고 있는 것이 신학적으로 오류가 없는가에 민감해야 한다. 사무엘은 그의 스승인 엘리에게 자신이 하나님의 음성을 들은 것이 맞는지 확인했다. 하나님은 그분의 말씀과 일치하는 방법으로만 우리에게 말씀하신다.

하나님은 우리 각자가 그분의 음성을 주의해서 듣고, 즉각적으로 반응하기를 바라신다고 나는 믿는다. 하나님의 세미한 음성에 순종하려는 당신의 모습을 보여 드려라. 하나님은 우리에게 말씀하고 싶어 하신다. 그러므로 사무엘처럼 말하라고 권면하고 싶다. "말씀하옵소서 주의 종이 듣겠나이다."
하나님의 말씀인지 분별하는 한 가지 방법을 귀띔해 주겠다. 만약 하나님이 '사운드 오브 뮤직'에 나오는 노래를 예배 중에 부르라고 말씀하신다는 생각이 든다면, 그건 하나님의 음성이 아닐 것이다.

다행스럽게도, 하나님은 내게 이후로 다시는 '오 캐나다'를 부르라고 말씀하지 않으셨다!

2

하나님과의 관계를
가장 귀하게 여기는 예배자

2

하나님과의 관계를
가장 귀하게 여기는 예배자

예배하는 이유를 잊지 마라 16

"하나님이 우리를 사랑하시는 사랑을 우리가 알고 믿었노니 하나님은 사랑이시라 사랑 안에 거하는 자는 하나님 안에 거하고 하나님도 그의 안에 거하시느니라"
(요일 4:16).

왜 하나님은 우리의 예배를 원하실까? 예수님이 우물가의 여인과 말씀하신 장면을 읽어보면 하나님이 우리의 예배를 찾으신다는, 즉 원하신다는 것을 알 수 있다. 이 부분을 읽다가 한 번쯤은 질문해 보았을 것이다. "도대체 왜?"

많은 성경 구절들은 하나님이 우리에게 예배하라고 명령하셨다는 것을 분명히 보여준다. 이 말에 의문이 생기지 않는가? 그렇다면 의문은 다음 두 가지 중 하나에 포함될 것이다.

1. 하나님이 독단적인 분이어서 만물의 중앙에 계시기를 원하시는 것인가?
2. 왜 전능하신 하나님이 우리에게서 뭔가를 요구하시는가?

이 질문에 대답하기 위해서는 하나님의 성품을 알아야 한다.

처음 질문에 대한 답은 하나님은 사랑이시다(요일 4:16). 이것은 하나님이 우리에게 하신 모든 일들이 그의 사랑 안에서 이루어졌다는 말이다. 즉, 우리를 향해 그분이 행하신 모든 것은 우리의 유익을 위해서 하신 것이다.

둘째 질문은 조금 더 어려울 수 있다. 분명히 전능하신 하나님은 우리처럼 뭔가가 필요한 분이 아니다. 영국의 유명한 찰스 스펄전 목사님은 "주님께서는 친구들이나 조력자에 대해 언급하신 적이 없다. 그분은 모든 일을 혼자 감당하신다. 그분을 돕기 위해 사람들의 손이 필요한 건 아니다"라고 말했다.

이것은 예배에 관해서도 마찬가지다. 아무도 하나님을 예배하지 않는다 해도 하나님이 잃는 것은 하나도 없다. 우리를 창조하기 한참 전에도 하나님은 아무것도 필요 없는 완전한 하나님이셨다.

그러므로 하나님께 우리의 예배가 필요한 것은 아니다. 그런데 그분은 분명히 우리의 예배를 원하신다. 예배하라고 강력하게 주장하시며 예배를 명령하신다. 왜?

『벤자민 프랭클린의 자서전』(Autobiography of Benjamin Franklin)을 읽어본 사람이라면 누구나 그에게 지혜와 놀라운 성실함이 있다는 것을 발견했을 것이다. 또한 『불쌍한 리차드의 연감』(Poor Richard's Almanac)이라는 책은 벤자민 프랭클린이 얼마나 실제적인 지식을 가진 사람인가를 보여준다. 그러나 여전히 나는 예배라는 주제에 관해서 그가 중대한 실수를 했다고 믿는다.

『믿음의 조항들과 종교의 행위』(Articles of Belief and Acts of

Religion)라는 책에서 벤자민 프랭클린은 "나는 무한하신 하나님이 인간에게 예배와 찬양을 요구한다거나 기대한다는 것을 상상할 수 없다. 그 모든 것을 초월하시는 하나님을 상상할 수 있을 뿐이다"라고 말했다.

어떻게 벤자민 프랭클린이 이런 생각을 했을까? 그는 하나님이 '무한하신' 분이라는 사실을 정확하게 드러냈다. 또한 그는 하나님이 전지전능하시며 충족되어야 할 그 어떤 필요도 없으신 분이라는 사실을 분명히 알았다. 그러고 보면, 하나님께 우리의 예배와 찬양이 필요하지 않다는 말이 논리적이고 옳을 수 있다.

그러나 그가 실수한 것이 하나 있다. 하나님이 우리에게 예배하라고 명하신 이유가 하나님께 찬양이 필요하기 때문이라고 생각한 것이다. 물론 프랭클린이 생각한 대로 하나님께는 찬양이 필요하지 않다. 그러나 하나님이 우리에게 예배하라고 명령하신 데에는 다른 이유가 있다는 것을 그는 보지 못했다.

그 이유는 그리스도인으로서의 삶의 가장 심오한 영역을 드러낸다. 하나님이 우리의 예배를 바라시는 이유는 그분의 자녀들과 개인적인 관계를 맺고 싶어 하시기 때문이다. 왜 그런가? 우리와의 관계가 필요해서가 아니라 관계를 원하시는 것이 하나님의 본성이다. 그분은 우리와의 인격적인 관계를 원하신다. 창조하신 피조물과 관계하기 원하시는 것이 하나님의 본질적인 특징이라는 것을 우리는 성경에서 볼 수 있다. 하나님이 우리와의 친교를 갈망하면서 말씀하신 구절을 보자. "볼지어다 내가 문 밖에 서서 두드리노니 누구든지 내 음성을 듣고 문을 열면 내가 그에게로 들어가 그와 더불어 먹고 그는 나와 더불어 먹으리라"(계 3:20).

이러한 '하나님의 갈망'은 밀턴의 『실낙원』의 첫 부분에서 시적으로 표현된다. 이 서사시에 따르면 창조가 끝난 직후에 하나님은 '그가 만드신 모든 작품들을 보고 알기를 무척 원하셨다. 특히 인간들, 그 하나님의 기쁨과 사랑의 대상인 그들을 위해 하나님은 모든 작품들을 놀랍게 준비해 주셨다.'

우리와 관계를 갖는 것 말고, 하나님이 어떤 이유로 우리를 창조하셨겠는가? 우리를 창조하신 것은 하나님이 사랑이시기 때문이다. 그리고 사랑은 본질적으로 나눔과 관계가 있다.

---

* 패트릭 케버노프의 『우리의 삶은 하나님께 드리는 예배입니다』(브니엘 역간)에서 인용 (재번역)

2

하나님과의 관계를
가장 귀하게 여기는 예배자

하나님의 인도하심을 배워가라 17

"성령이 아시아에서 말씀을 전하지 못하게 하시거늘 그들이 브루기아와
갈라디아 땅으로 다녀가 무시아 앞에 이르러 비두니아로 가고자 애쓰되
예수의 영이 허락하지 아니하시는지라"
(행 16:6~7).

춥고 비 오는 주일 아침이었다. 온 가족이 교회에 가기 위해 문을 나서려는데 큰아들이 차 열쇠를 들고는 자기가 운전을 해도 괜찮겠냐고 물었다. "물론이지!" 나는 허락했다. 가족들은 이미 밖으로 나갔고 마지막으로 집에서 나간 나는 문을 닫고 차를 향해 걸음을 옮기려 했다. 그런데 코트가 문에 끼어있는 게 아닌가! 하지만 문은 잠겼고, 내게는 열쇠가 없었다. 게다가 비까지 올 게 뭐람!

우리 가족들은 처음에는 내가 무엇을 하고 있는지 알지 못했다. 그러나 곧 내가 궁지에 처했음을 깨닫고는 마구 웃어댔다. 손을 가리고 '킥킥' 숨죽여 웃는 게 아니라 완전히 포복절도했다.

사도 바울도 자신이 가려고 목적한 곳에 가지 못할 상황에 처했었다. 그렇지만 나처럼 문에 끼어버린 코트 때문에 움직이지 못한 것이 아니라 하나님이 그렇게 하셨다. 장의 시작 부분에서 읽은 성경 구절은 예수의 영이 사도 바울과 그의 동료들이 비두니아로 가려

는 것을 막았다는 사실을 보여준다. 여기서 바울이 하나님께 대항하지 않았다는 사실을 기억하라. 그는 하나님이 그에게 주신 명령을 완수하려 노력했고 결국 헬라인들의 사도가 되었다(롬 11:13). 그는 단지 하나님이 부르신 부르심을 온전히 이루기 위해서 걸어가고자 노력했던 것이다.

일반적으로, 하나님은 우리에게 계획을 미리 보여주지 않으시는 것 같다. 만약 미리 가르쳐 주신다면 사람들은 하나님이 계획하시는 구체적인 단계들을 알고자 기다리기보다는 큰 그림만을 가지고 뛰어갈 것이다. 이렇게 된다면 우리는 하나님보다 우리 자신을 더 의존하게 된다. 종종 하나님은 목표를 이루는 방법에 관심이 있으신데도 우리는 목표를 달성하는 데에만 매달린다.

바울이 하나님의 음성을 듣지 않았다면 쉽게 비두니아로 갈 수 있었을 것이다. 그러나 그렇게 했더라면 바울은 하나님이 마게도니아에서 바울과 그의 동료들에게 계획하셨던 중요한 일을 하지 못했을 것이다. 비두니아에서 좋은 일을 할 기회가 있었을지 모르지만 그것이 하나님의 계획의 최선은 아니었다.

우리는 하나님이 말씀하시는 것을 대충 듣고는 급히 뛰어가려 하거나 하나님이 의도하신 목표라고 생각하는 것을 달성하기 위해 서둘러 가려 한다.

하나님이 중간중간에 우리에게 말씀하시려고 어려움이나 장애물을 주시지만 그 의미는 생각지 않고 무조건 극복해서 목표를 달성하려 한다.

그러나 어쩌면 목적지에 도달하는 것보다 그 길을 가면서 하나님께 초점을 맞추는 것이 더 중요할지도 모른다. 목표에는 도달했지만 하나님이 가르치려 하신 것을 놓친다면 그것을 과연 성공이라 할 수 있을까?

예배 사역을 하면서, 또한 매일 살아가면서 다음에 내딛어야 할 걸음에 대해서 정기적으로 하나님께 물어야 한다. 많은 생각과 계획이 있다 해도 하나님의 인도에 따라 구체적으로 진행해야 한다.

솔로 연주를 원했지만 기회가 없었는가? 하나님이 겸손에 대해서 말씀하시는 것일 수 있다. 1절을 불러야 했는데 2절을 불러서 며칠 동안 속이 상했다면 지나치게 완벽주의적인 태도를 주님이 다루시는 것일지도 모른다. 일상의 모든 일 속에서 하나님의 손길을 놓친다면 특정한 목표를 향해 갈 때에도 쉽사리 길을 잃게 될 것이다.

최근에 나는 한 교회에서 예배팀을 위한 수련회를 인도했다. 그 주말에 한 자매가 들려준 말이 매우 인상적이었다. "나는 하나님의 가장 부드러운 속삭임을 듣는 여정 가운데 있어요." 그녀는 큰 행사나 최종 목적지에만 관심을 둔 것이 아니라 매일 매순간에도 주님을 알기 원했다.

이것은 또한 우리의 목적이 되어야 한다. 드럼 연주자든, 바이올린 연주자든, 싱어든, 예배 인도자든 우리는 하나님을 따르기를 갈망해야 한다. 흠 없는 음악 연주를 보여주는 것보다 하나님을 알고 그분의 인도를 따르며 그분의 음성을 듣기 원해야 한다.

매일의 삶 속에서 그분의 인도하심을 구하자. 목적지에 도착하는 것보다 그 길을 가는 동안 주님께 배우는 것에 더 많은 관심을 기울이자.

2

하나님과의 관계를
가장 귀하게 여기는 예배자

하나님을 힘써 알아 가라 18

"또한 모든 것을 해로 여김은 내 주 그리스도 예수를
아는 지식이 가장 고상하기 때문이라"
(빌 3:8).

몇 년 전에 예배 컨퍼런스에 참가했을 때의 일이다. 한 워크숍에서 강사가 지역 교회에서 예배를 섬기는 사람들에게 다음과 같은 날카로운 질문을 던졌다. "만약 담임목사님이 얼마 후 예배 형태를 바꿀 것이라고 말하면 당신은 어떻게 반응하겠습니까? 찬양은 단지 서너 곡만 부르고 피아노나 오르간 외에는 아무 악기도 사용하지 않을 거라고 한다면? 게다가 싱어도 없이 한 사람이 예배를 인도한다고 한다면 당신은 어떻게 하겠습니까?"

생각할 만한 충분한 시간도 주지 않고서 강사는 말했다. "바로 그 일이 제가 속한 교회에서 일어났습니다. 그리고 그것은 옳은 일이었죠." 강사가 섬기던 교회의 목사님은, 예배 사역을 하는 대다수의 사람들이 '음악적인 연주'에만 관심이 있다는 것을 알았다고 설명했다. 예배팀이 음악을 연주하고 찬양을 부르면서도 하나님을 예배하는 데에는 별 관심이 없었던 모양이다.

내 경험상 이런 이야기는 매우 극단적이다. 하나님이 주신 달란트를 사용하여 하나님을 높이기 위해서 우리는 연주하고 찬송한다. 전심으로 예배하는 것을 원치 않으면서도 예배 사역을 하는 사람들을 나 역시 소수지만 만나 보았다. 그러나 대다수의 사람들은 창조자이자 구원자를 예배하려는 정직한 갈망으로 사역한다. 그것이 일반적이다.

그러나 사역 초기와는 달리 처음의 갈망이 약해지는 때가 종종 찾아온다. 시간이 지날수록 준비하고, 매주 모임을 갖고, 대가 지불로 열심히 연습해야 하는 일상의 단순함이 반복된다. 처음에는 '연습이 있는 목요일 밤이 정말 기다려져'라고 생각하지만, '오늘 밤은 정말 연습하기 싫어. 전화해서 못 간다고 해야지'로 바뀐다.

얼마 전 내 친구인 폴과 그레틸 해글린 부부는 그들의 기도 편지에 이렇게 썼다.

"몇 년 전에 우리 집 앞에 있는 넓은 초원으로 하이킹을 갔을 때 들판의 원래 경계선이 그토록 숲 속 깊이 나 있다는 사실을 처음으로 알았어요. 수십 년이 지나는 동안, 저희와 저희의 선조들은 나무들이 우리의 땅을 50피트나 잠식하도록 놔두었던 것이죠. 이런 잠식 과정은 오랜 동안 천천히 이루어져서 이제는 경계선 안에 있는 나무들도 꽤 크게 자라 있었어요. 한때는 곡식을 내던 우리 소유의 넓은 밭을 지금은 나무와 관목과 잡초와 넝쿨옻나무가 덮고 있는 것이지요. 영적인 '밭'을 잘 관리하고, 경작하고, 열매 맺게 하지 못한다면 이런 일들이 일어날 수 있다는 사실을 주님께서는 똑같이 보여주십니다."[1]

이것은 음악을 하는 우리들에게도 똑같이 적용된다. 예배란 단순히 교회에 와서 악기를 연주하거나 화음으로 찬양하는 것 이상이라는 사실을 알아야 한다. 예배는 살아계신 하나님과 나와의 관계다. 회중 예배를 인도하는 우리들은 영적인 밭을 정기적으로 관리하고 경작해야 한다. 만약 그렇지 못하면 우리는 어떤 것도 드릴 수 없을 것이다.

그것이 무엇을 의미하는지 구체적으로 말해보자. 주님과의 관계에서 성장하고 있는가? 하나님의 말씀을 읽고 연구하는가? 교회에서 악기를 연주할 때에 마음도 함께 담는가, 아니면 단지 연주만 하고 있는가?

C. S. 루이스는 그의 고전 『순전한 기독교』에서 다음과 같이 말한다.

"하나님은 인간이 엔진을 발명하듯이 우리를 만드셨다. 자동차는 가솔린으로 움직이고 다른 것으로는 제대로 작동하지 않는다. 그런데 하나님은 인간을 하나님 자신으로 움직이도록 만드셨다. 하나님 자신이 우리 영혼의 연료가 되시고 우리의 영혼이 거기서 공급함을 얻도록 디자인하셨다."[2]

---

1 Paul and Gretyl Haglin, *Letters of Faith Newsletter* (Hawk Point, Mo., September 2000).
2 C. S. 루이스, 순전한 기독교, 홍성사

사도 바울은 "또한 모든 것을 해로 여김은 내 주 그리스도 예수를 아는 지식이 가장 고상하기 때문이라"(빌 3:8)고 말한다.

놀라운 말씀이다. 바울은 아주 똑똑하고 교육을 잘 받고 종교적이었으며 바리새인 중의 바리새인이었고 외향적이며 사람들에게 친절하고 많이 여행을 했고 영특한 사람이다. 그런데도 그는 그리스도를 아는 것은 무엇과도 비교할 수 없다고 한다.

바울이 '예수님에 대해서 아는 것'이라고 말하지 않은 사실을 주의해서 보라. 헬라 어는 이 구절이 머리로 아는 것이 아니라 관계에 대해서 말하고 있다는 사실을 분명히 보여 준다.

내 큰아들 데이빗은 초등학교 때 기독교 학교를 다녔다. 졸업을 하던 날, 학부모들은 작은 예식과 잔치에 초대받았다. 선생님은 축하 파티를 진행하면서 자녀들과 말씀 한 구절씩을 나누라고 학부모들에게 부탁했다. 나는 빌립보서 3장 8절을 데이빗과 함께 나누면서 그를 볼 때면 바울이 연상된다고 말했다. "너는 똑똑하고 공부도 열심히 했다. 올해에는 모든 과목에서 A를 받았고, 사교성도 좋아 사람들을 잘 설득하지. 그렇지만 주님과 친밀한 관계를 갖고 있지 않다면 사실 이런 것들은 아무 가치도 없는 거란다."

이것은 우리 모두에게도 똑같이 적용된다. 당신이 노래를 잘하고 악기를 잘 연주할지 모르지만 하나님과 지속적인 관계, 즉 영적인 밭을 계속해서 관리하고 경작하지 않는다면 그 모든 것은 가치 없는 일이다.

2

하나님과의 관계를
가장 귀하게 여기는 예배자

하나님을 기대하라 19

"그들이 밤낮 쉬지 않고 이르기를 거룩하다 거룩하다 거룩하다 주 하나님
곧 전능하신 이여 전에도 계셨고 이제도 계시고 장차 오실 이시라"
(계 4:8).

우리는 천국의 모습을 요한계시록의 몇 부분에서 조금이나마 볼 수 있다. 그 중에서 가장 심오한 모습은 요한계시록 4장에 나와 있다.

"보좌 앞에 수정과 같은 유리 바다가 있고 보좌 가운데와 보좌 주위에 네 생물이 있는데 앞뒤에 눈들이 가득하더라 그 첫째 생물은 사자 같고 그 둘째 생물은 송아지 같고 그 셋째 생물은 얼굴이 사람 같고 그 넷째 생물은 날아가는 독수리 같은데 네 생물은 각각 여섯 날개를 가졌고 그 안과 주위에는 눈들이 가득하더라 그들이 밤낮 쉬지 않고 이르기를 거룩하다 거룩하다 거룩하다 주 하나님 곧 전능하신 이여 전에도 계셨고 이제도 계시고 장차 오실 이시라 하고"(계 4:6~8).

우리는 이 생물들을 본 적이 없다. 그것은 이 땅에 있는 생물이 아니라 오직 천국에만 있도록 창조된 피조물이 아닐까 싶다. 이들이 타락한 본성을 가진 피조물이라는 어떤 증거도, 암시도 없는

것을 보면 아담의 후손들인 우리와는 달리 이 피조물들은 본성적으로 거룩하다. 물론 하나님의 완전한 거룩하심에는 미치지 못하겠지만…. 이 생물들이 죄라는 것을 알았는지 몰랐는지는 모르겠지만 우리들처럼 죄에 깊이 빠지거나 직접 죄를 저지르지는 않았다는 것만은 확실하다. 우리가 경험해보지 못한 수준의 순결함과 거룩함이 이 생물들에게는 있었다.

이런 것들 때문에 그들의 계속되는 찬송 소리는 더욱 우리 마음에 사무친다. "그들이 밤낮 쉬지 않고 이르기를 거룩하다 거룩하다 거룩하다 주 하나님 곧 전능하신 이여 전에도 계셨고 이제도 계시고 장차 오실 이시라." 만약에 거룩한 그들이 하나님의 거룩하심 앞에서 계속해서 "거룩하다 거룩하다 거룩하다"고 외쳐야 한다면, 우리 같은 사람이 하나님의 거룩하심을 보게 될 때는 어떤 일이 일어날까? 태어날 때부터 죄에 잠겨 있는, 본성적으로 타락한 우리들이 전능하신 하나님의 거룩하심을 바라볼 때 어떻게 반응할까?

이것을 다른 관점에서 바라보자. 예배를 한참 드리고 있는데 하나님이 나타나셔서 당신의 어깨를 툭툭 두드리신다면 어떨까? 가상의 이야기를 하는 것이 아니다. 하나님은 실제로 우리 예배 가운데 계신다. "두세 사람이 내 이름으로 모인 곳에는 나도 그들 중에 있느니라"(마 18:20).

우리는 종종 사람들은 보면서도 그리스도는 놓친다. 경외감을 잃어버렸기 때문이다. 더욱 안타까운 것은 이것이 처음 있는 일이 아니라는 것이다. 이스라엘 백성들은 하나님의 축복을 매일 보았다.

하나님은 놀라운 방법으로 매일 아침마다 만나를 40년 동안이나 주셨다. 하나님의 손길 말고는 다른 무엇으로도 이것을 설명할 수 없었다. 그런데 그들은 그것을 당연하게 여겼다. 우리 또한 하나님의 임재와 우리 가운데 행하시는 것들을 당연시하는 경향이 있다. 이제 우리는 하나님에 대한 경외감을 더욱 계발해야 한다.

『평범해진 하나님』이라는 책에서 도날드 맥클로흐 박사는 다음과 같이 말한다.

'오늘날 거의 대부분의 교회에서 주일 예배 때 회중들이 아주 편안하게 하나님과 만나고 있음을 볼 수 있다. 회중들의 하나님은 그들의 교리에도 잘 들어맞고, 그들이 하는 사회운동에도 적극적인 지지를 아끼지 않으며, 각 개인의 영적 경험도 충족해 준다. 그렇지만 교회 안에서 경외나 신비감은 찾아보기 힘들다. 설교가 성공적으로 마칠 수 있을지를 걱정하는 목사의 손바닥에만 땀이 차 있으며, 봉헌송을 부르려는 솔리스트의 무릎만이 떨리고 있을 뿐이다.'[3]

우리의 예배가 그렇게 평범해진 것은 너무도 당연하다. 우리는 기대감을 잃어버렸고 하나님이 정말 거기에 계시는 것같이 행동하지 않는다. 하나님이 우리 어깨를 두드리시더라도 아마 눈치 채지 못할 것이다.

이제 그런 열의 없는 태도에 안주하지 말자. 하나님께 당신을

---

3 Dr. Donald W. McCullogh, *The Trivialization of God*(Colorado Springs, Colo. : NavPress, 1995).

사로잡아 달라고, 하나님을 경외하는 마음을 갖게 해달라고 구하라. 기대감을 계발하라. '거룩하다 거룩하다 거룩하다 주 하나님 곧 전능하신 이여 전에도 계셨고 이제도 계시고 장차 오실 자라'고 생물들을 소리 높여 외치게 하였던 하나님의 거룩하심을 재조명하라.

2

하나님과의 관계를
가장 귀하게 여기는 예배자

거룩한 낭비를 드리라 20

"한 여자가 매우 귀한 향유 한 옥합을 가지고 나아와서
식사하시는 예수의 머리에 부으니"
(마 26:7).

지금까지 들어본 예배 중에서 가장 전심으로 드린 능력 있는 예배의 예를 하나 들으라면 바로 이 장면일 것이다. 이 여인의 예배 행위는 우리가 항상 하나님을 예배하는 마음으로 열려 있어야 한다는 것을 보여 주었다. 예배를 섬기는 사람들은 각자 예배로 하나님을 영화롭게 하는 은사와 사역들을 받았다. 그들은 또한 일상 속에서도 삶의 예배를 드려야 한다. 로마서 12장 1절은 바로 그러한 삶이 살아계신 하나님께 드리는 예배요, 제사라고 말한다.

마태복음 26장에 나오는 여인이 비싼 향유를 주님께 드린 이야기는 지금도 전 세계에 잘 알려져 있다. 이 행동이 왜 기릴 만한가? 그녀는 자신의 삶과 사랑의 제일 중심 되는 분에게 가장 좋은 것, 가장 귀한 소유물을 드린 것이다.

"그런데 예수께서 베다니에서 나병으로 고생하던 시몬의 집에 계실 때에, 한 여자가 매우 값진 향유 한 옥합을 가지고 예수께 다

가와서는, 예수께서 음식을 잡수시고 계시는데, 그 머리에 부었다. 그런데 제자들이 이것을 보고 분개하여 말하기를 '왜 이렇게 허비하는가? 이 향유를 비싼 값에 팔아서, 가난한 사람들에게 줄 수 있었겠다!' 하였다. 그러나 예수께서는 이것을 아시고 이렇게 말씀하셨다. '왜 이 여자를 괴롭히느냐? 그는 내게 아름다운 일을 했다. 가난한 사람들은 늘 너희와 함께 있지만, 나는 늘 너희와 함께 있는 것이 아니다. 이 여자가 내 몸에 향유를 부은 것은, 내 장례를 치르려고 한 것이다. 내가 진정으로 너희에게 말한다. 온 세상 어디서든지, 이 복음이 전파되는 곳마다 이 여자가 한 일도 전해져서, 그를 기억하게 될 것이다"(마 26:6~13, 표준새번역).

여기에서 세 가지 중요한 점을 발견할 수 있다. 첫째, 여인은 예배를 위해서 엄청난 대가를 치렀다. 자신의 소유물을 아끼지 않고 가장 소중한 것을 예수님께 드림으로써, 여인은 예수님에 대한 사랑을 보여 주었다.

어떤 성경학자들은 이 비싼 향유의 값이 아마 보통 사람들의 3년 치 연봉과 같았을 것이라고 말한다. 신약성경을 믿는 오늘날의 그리스도인으로서 그녀가 자신의 모든 것을 드린 것만큼 우리도 그렇게 하나님께 드릴 수 있는가? 더군다나 우리가 일상을 살아가면서 그런 엄청난 예배를 매일매일 드리는 법을 배울 수 있을까? 나는 하나님의 말씀을 통해, 그리고 강의를 통해 예배자의 삶을 살아가는 것에 대해서 배우기만 하는 사람들에게는 별 관심이 없다. 중요한 것은 성경을 통해서 예배에 대한 심오한 진리들을 배운 대로 살아가는 것이다.

둘째, 그것을 지켜보던 제자들의 태도다. 그들은 자신들이 모든 것을 다 안다고 생각했기에, 예수님이 이 땅에서 받으셨던 가장 능력 있는 예배를 오히려 놓칠 뻔했다. 그들은 여인이 하는 행동의 진정한 중요성을 이해하지 못한 채 그 예배를 그냥 구경꾼처럼 바라만 보았던 것이다.

나 또한 예배에 참여하기보다는 구경꾼의 위치에 서 있는 바람에 하나님이 자신의 백성들 가운데에서 능력으로 역사하시는 모습을 놓친 적이 있었다. 하나님은 구경꾼이 아니라 참여하는 사람을 원하신다. 이 점은 정말 중요하다.

'향유를 낭비한' 여인의 행위에 대해서 제자들은 화를 냈지만, 예수님은 감동 받으셨고 그녀를 축복하셨다. 이것을 기억하라. 예배하지 않는 사람들(아니면 구경꾼들)은 항상 다른 주파수에서 살아간다. 그들의 마음이 변화하지 않는 한 자신의 모든 것을 드리는 예배 행위는 과장된 행동 또는 겉만 번지르르한 사랑과 감정의 표현 정도로밖에 보이지 않을 것이다.

제자들의 태도는 옳지 않았고 심지어 부끄러운 것이었다. 자기 자신을 드리는 예배야말로, 하늘에 계신 하나님이 기뻐 받으시는 예배이기 때문이다. 하나님을 부끄러움 없이 예배하는 사람은 다른 사람들에게도 좋은 모범이 된다. 다른 사람들이 자신을 억제하지 않고 정직하게 마음을 다하여 예배 가운데로 들어갈 수 있도록 도와준다.

마지막으로, 예수님이 제자들에게 대답하신 것과 권고하신 것을 살펴보라. 예수님은 "그녀가 내게 아름다운 일을 했다"고 말씀하신다. 이것은 하나님이 보시기에 아름다운 예배가 무엇인지를 말해준다. 이 경우에는 여인의 드리는 행위, 그리고 여인이 향유를 예수님께 부은 후 온 방에 퍼진 향내가 바로 예배의 아름다움이었다. 그것은 정말 아름다웠다!

향기…, 이것은 바로 우리가 드리는 예배의 향기다. 이것은 하나님을 향해 진심에서 우러난 사랑이 흘러넘칠 때 나는 향내다. 많은 사람들은 여전히 방관자로 서서 자신을 드리는 성소 가운데로 온전히 들어오려 하지 않는다. 그들은 자신의 마음을 상자 안에 가두어 두고, 하나님과 그의 백성과 같이 기뻐하려 하지 않는다.

자, 이제 당신에게 도전하고 싶다. 마음을 열고 하나님께 위대한 예배를 드리자. 우리 삶에서 가장 귀하고 가치 있는 것을 주님께 내어드림으로 그분과 달콤한 교제를 나누자. 그렇게 할 때 예배를 드리는 성소로 계속해서 들어가게 될 것이다.

2
하나님과의 관계를
가장 귀하게 여기는 예배자

모든 우상을 제하라 21

"이 여러 민족이 여호와를 경외하고 또 그 아로새긴 우상을 섬기니"
(왕하 17:41).

하나님을 예배하지 못하게 막는 가장 큰 장애물이 무엇인가? 아마도 그럴 듯한 대답을 몇 가지 댈 수 있을 것이다. 게으름, 자만, 산만함 등이 리스트의 상위에 오를 것이다. 그리고 욕망, 자기만족, 무관심이 그 다음 순위로 이어질 것이다. 그렇지만 이것들 모두는 훨씬 더 심각하고 우리 삶의 전반에 퍼져 있는 우상숭배라는 죄에 뿌리를 두고 있다.

위의 말씀에는 오늘날의 교회에도 심각하게 나타나는 문제점이 묘사되고 있다. 우리는 예배의 바른 요소라고 생각하는 찬양, 헌금, 기도, 말씀 듣기 등을 하면서도 마음속의 우상들을 열심히 섬길 수 있다. 출애굽기 20장에서 볼 수 있듯이, 하나님은 우리 마음의 신실함과 사랑을 놓고 다른 어떤 것과 경쟁하기를 원치 않으신다. "너는 나 외에는 다른 신들을 네게 두지 말라." 이것은 우상에 대한 것이다.

구약성경에서 우상숭배만큼 하나님을 자주 대적한 죄는 없다. 예레미야 2장에서 하나님은 "어느 나라가 그들의 신들을 신 아닌 것과 바꾼 일이 있느냐 그러나 나의 백성은 그의 영광을 무익한 것과 바꾸었도다"(렘 2:11)라고 말씀하신다. 눈에 보이는 사물만이 우상이 아니다. 하나님은 에스겔 14장 3절에서, 이스라엘 백성들이 자기 우상을 마음에 두고 하나님의 음성을 더 이상 듣지 않으려 한다고 말씀하신다. 계속해서 이스라엘 백성은 하나님보다 다른 어떤 사람이나 사물을 더 중요하게 여기는 죄를 범했다. 한 번은 금송아지였고, 또 어떤 때는 애굽에서의 편안함과 쾌락이었다. 그리고 약속의 땅에 들어가서는, 가나안 사람들이 자신의 신들을 예배하면서 행하던 가증스러운 행위를 그대로 따랐다. 모든 경우에, 하나님이 아니라 다른 것을 따르고 싶어 하고 그것들이 자신을 지배하도록 내버려 두는 마음들은 결국 불순종, 반역, 불신앙이라는 결과를 가져왔다.

신약에서는 우상숭배에 대해서 많이 말씀하지 않는다. 그렇지만 마음이 사욕으로 가득 차 있는 것에 대해 하시는 말씀들은 볼 수 있다. 베드로는 "너희가 순종하는 자식처럼 전에 알지 못할 때에 따르던 너희 사욕을 본받지 말고"(벧전 1:14)라고 말하며, 로마서 6장 12절에서는 "너희는 죄가 너희 죽을 몸을 지배하지 못하게 하여 몸의 사욕에 순종하지 말고"라고 말한다.

사욕은 우상숭배와 어떤 관계가 있는가?

우상숭배의 깊은 뿌리를 들여다보면 하나님이 아닌 다른 것이 나를 다스리기를 원하는 것이다. 여기서 중요한 단어는 "원하다"와

"다스리다"이다. 이것을 마음이 비어 있어 어떤 것이 와서 다스려주기를 기다리는 수동적인 상태라고 생각할지 모르지만 사실은 이와 전혀 다르다. 존 칼빈은 우리의 마음은 우상을 만들어내는 공장과 같아서 계속해서 우리의 관심과 사랑의 대상이 되는 새로운 것을 만들어낸다고 분명하게 말했다. 우리는 항상 가장 가치 있다고 여기는 것을 추구한다. 그리고 우리가 추구하는 대상은 우리의 우상이 된다.

또한 그것들은 우리를 다스리고 우리의 행동을 결정한다. 어떤 특정한 사람이나 상황, 소유, 사고방식, 감정 등 우리가 다른 어떤 것보다도 중요하게 생각하는 모든 것이 우상이 될 수 있다. 우리가 하나님의 자리에 놓고 섬기는 우상들은 금송아지나 나무 조각처럼 눈에 드러나는 것이 아니다. 그것들은 너무나 교묘하고, 그러면서도 우리 삶에 넓게 퍼져 있고, 영향력이 있다. 우리는 하나님이 아닌 가장 어리석은 것들을 원한다. 권력, 즐거움, 일, 관계, 이 중 어떤 것이라도 하나님이 우리를 다스리실 권리를 빼앗아 버리고 우리의 삶을 주관할 수 있다.

우상은 우리가 어떤 것에 대해서 심각하게 생각하지 않고 있을 때에 우리의 마음속에 흐르는 생각으로 나타나기도 한다. 이미 필요한 물건이나 갖고 싶은 물건들을 웬만큼 다 갖고 있으면서도 마음속으로 종종 다음에 무엇을 살지에 대해서 곰곰이 생각하는 내 모습을 볼 때면 부끄러워진다. 정말로 더 빠른 컴퓨터나 신식 옷장이 있다면 내 삶이 더 완벽해질 거라고 생각하는 걸까? 우상은 이런 식으로 우리 안에 자리 잡는다.

우리가 소속된 예배팀에서 대적해야 할 우상은 어떤 것일까? 재고할 여지없이, 다른 사람들의 인정이 첫째 우상일 것이다. 사람들로부터 받는 '박수의 우상'이라고 부르는 것이 더 정확할 것이다. 아니, 정말 더 정확하게 표현하고 싶다면 '사람들의 숭배'라는 우상을 섬기고 있다고 해야 할 것이다. 하나님의 영광을 소리 높여 외치고 있으면서 사실 비밀스럽게 우리 자신의 영광을 바라고 있다는 것은 얼마나 끔찍한 일인지! "예배 인도자가 나에 대해서 어떻게 생각할까?" "왜 목사님이 나를 격려해 주지 않으시지?" "사람들은 나의 헌신을 감사히 여길까?" 이런 종류의 질문들은 바로 우리 마음속에 우상이 있다는 증표다.

우리가 대적해야 할 또 하나는 '지배의 우상'이다. 모든 것들이 당신의 뜻대로 안 되고, 원하지 않는 역할을 해야 하고, 당신이 제안한 것을 사람들이 무시할 때 어떻게 반응하는가? 만약에 당신이 원치 않는 방식으로 예배 인도자가 모임을 인도해 간다면? 이때가 바로 자신이 원하는 것을 고집하고 다른 사람들을 다스리려는 욕망에 굴복할지, 아니면 우리의 죄성을 드러낼 리더들 아래에 우리를 일부러 머무르게 하신 전지전능하고 사랑이 많으신 하나님께 겸손히 순종할지를 선택하는 순간이다.

셋째, 우리가 대적해야 할 우상은 '쾌락의 우상'이다. 즉각적으로 만족을 주는 것을 가치 있게 평가하는 사회에서 살아가는 우리는 기온, 소리, 빛, 환경 등이 우리의 개인적인 취향과 언제나 일치해야 한다고 생각하기 쉽다. 만약 그렇다면 가난한 제3세계 국가에서 사는 사람들은 어떻게 하나님을 예배할 수 있단 말인가? 사람들이 우리를 순교자로 보는 것은 원치 않지만, 하나님의 영광이 우리의 마음과 생각을 사로잡을 때 우리는 조금의 불편쯤은 무시할 수 있게 된다.

"이 여러 민족이 여호와를 경외하고 또 그 아로새긴 우상을 섬기니"(왕하 17:41). 자비로우신 하나님은 이 말씀을 통해 우리가 중요한 사실을 계속해서 기억할 수 있게 도우신다! 우리가 조상이 물려 준 헛된 행실에서 대속함을 받은 것은(벧전 1:18) 예수 그리스도의 보혈 때문이라는 사실을 기억하면서 하나님이 아닌 다른 것을 섬기려는 마음의 태도를 계속해서 경계하자. 하나님만이 우리의 모든 생각과 사랑과 순종의 대상이 되실 만한 귀하신 분이다.

2

하나님과의 관계를
가장 귀하게 여기는 예배자

하나님과 시간을 보내라 22

"한 시간도 이렇게 깨어 있을 수 없더냐"
(마 26:40).

한 율법사가 예수님을 찾아와서는 "율법 중에 어느 계명이 크니이까?" 하고 물었다. 예수님은 "예수께서 이르시되 네 마음을 다하고 목숨을 다하고 뜻을 다하여 주 너의 하나님을 사랑하라 하셨으니 이것이 크고 첫째 되는 계명이요"(마 22:37~38)라고 가장 중요한 계명이 무엇인지 말씀하신 다음에 계속해서 "둘째도 그와 같으니 네 이웃을 네 자신 같이 사랑하라"(마 22:39)고 말씀하셨다.

예수님이 두 계명을 이 순서대로 말씀하신 데에는 이유가 있다. 먼저 지켜야 할 것이 있다는 뜻이고, 첫 번째 계명을 지키지 않고서 두 번째 계명을 지키는 것은 아무 소용이 없다는 뜻이다. 어떤 임무를 수행할 때 첫 번째 해야 할 것을 하지 않고 두 번째 단계로 넘어가려고 하는 것과 비슷하다. 그러나 그렇게 하면 임무를 제대로 수행할 수 없다. 원래 그런 식으로 진행되도록 되어 있지 않기 때문이다.

지난 2천 년 동안 수많은 목사님들과 교회의 지도자들은 우리가 이 위대한 명령대로 살아갈 수 있도록 도와주려고 힘써 노력해 왔다. 어거스틴은 그의 걸작 『신국론』에서 "온 맘과 열심을 다해 하나님을 사랑하자. 왜냐하면 그것이 우리가 받을 수 있는 가장 큰 상이자, 즐거움이고, 기쁨이며, 도저히 설명할 수도, 말로 표현할 수도, 우리가 상상할 수도 없는 영광이요, 명예요, 빛이요, 가장 큰 행복이기 때문이다"라고 말했다.

아마도 당신은 "좋아요. 하나님을 먼저 사랑해야 하지요. 그런데 어떻게 하나님을 사랑할 수 있나요? 우리가 다른 사람들을 사랑하라는 명령을 지키는 방법 말고 다른 어떤 방법으로 하나님께 우리의 사랑을 보여드릴 수 있죠?" 하고 말할 것이다.

예수님은 우리가 다른 사람을 사랑하는 것이 하나님을 사랑하는 것이라고 분명히 말씀하셨다. "너희가 여기 내 형제 중에 지극히 작은 자 하나에게 한 것이 곧 내게 한 것이니라"(마 25:40). 예수님이 첫 번째 명령을 강조하셨다고 해서 두 번째 명령을 무시해서는 안 되지만, 두 번째 명령을 지키는 것이 하나님에 대한 우리의 사랑을 보이는 유일한 방법이 될 수는 없다. 우리가 이 땅 위에 남은 유일한 사람이어서 다른 사람을 사랑할 수 없는 상황에 처하더라도 하나님께 우리의 사랑을 보이는 방법이 분명히 있을 것이다. 그렇지만 그것이 무엇일까?

아이를 키워본 사람이라면 아이들을 사랑하는 것이 '시간'과 같은 의미라는 것을 다 알 것이다. 즉, 자식을 사랑한다는 사실을 보여주고 싶다면 그들과 시간을 함께 보내야 한다. 자식들은 어떤 물건이나 돈이나 가르침보다 우리의 시간을 원하고 있다. 그들은 부모님과 같이 시간을 보내고 싶어 한다. 같이 시간을 보내주는 것보다 우리의 사랑을 보여주는 더 좋은 방법은 없다. 만약에 당신이 부모라면 내가 무슨 말을 하는지 잘 알 것이다.

어떤 종류의 관계든 시간을 요구한다. 이미 결혼했다면, 처음 당신의 배우자를 만났을 때를 기억하는가? 아마도 당신은 그 또는 그녀와 하루 종일 시간을 같이 보내고 싶었을 것이다. 또 신혼은 한참 지났지만 결혼 생활을 유지하고 나아가 그 관계를 발전시키고 싶다면 여전히 시간을 같이 보내야만 한다. 친구들과의 우정 관계에서도 서로의 관계를 든든하게 만들기 위해서는 시간을 같이 보내고 서로를 알아 가는 과정이 꼭 필요하다.

하나님의 청지기로서 어떻게 시간을 사용할지는 가장 궁극적인 문제다. 우리에게는 일정한 시간이 주어졌기 때문에, 시간을 사용할 때 주의를 기울여야 한다. 한번 낭비한 시간은 다시 찾을 수 없기 때문이다. 나폴레옹도 "인간에게서 가장 소중한 것을 빼앗아 가는 도둑이지만 법으로도 막을 수 없는 것이 시간이다"라고 말했다. 시간은 너무나 소중한 것이기에, 우리가 어떻게 시간을 사용하고 있는지는 우리가 무엇을 소중하게 여기는지를 보여주는 것이다.

그러므로 하나님께 우리의 사랑을 보여드리기를 원한다면 시간을 드려야 한다. 하나님과 함께 시간을 보내고, 하나님을 알기 위해서 시간을 사용하고, 하나님을 섬기기 위해서 우리의 마음을 준비하는 데 시간을 들여야 한다. 그것이 가장 가치 있는 곳에 시간을 투자하는 것이다.

3년이라는 공생애 기간에 예수님은 많은 사람들에게 놀라운 가르침을 주셨지만 주로 제자들과만 시간을 보내셨다. "너희는 따로 한적한 곳에 가서 잠깐 쉬어라"(막 6:31). 예수님이 무리들과 같이 쉬신 적이 없는 것은 아니지만, 몇몇 제자들과 따로 계신 경우가 많았다는 사실을 복음서는 말해준다. 예수님은 이 시간에 많은 것을 따로 가르치셨겠지만, 관계를 더 키워나가기 위해서도 그 시간을 사용하셨을 것이다. 관계를 위해 시간을 들여야 한다.

예수님이 겟세마네에서 잠들어 있는 제자들에게 "한 시간도 이렇게 깨어 있을 수 없더냐?"라고 준엄하게 말씀하셨던 것을 기억하자.

하나님과 시간을 보내고, 주님께 초점을 맞추고, 세상의 근심은 잠시 옆에 내려두고 하나님과의 관계를 키워가야 한다. 이런 시간이 바로 예배 시간이다. 사람들과 함께 모여 예배할 수도 있고, 개인적으로도 예배할 수 있을 것이다. 우리가 주로 회중예배라고 부르는 큰 규모의 예배에서도 각 사람은 여전히 하나님과 개인적인 만남을 갖는다.

하나님과 함께 보내는 시간을 여러분의 삶에서 최우선 순위에 놓기 바란다.

---

* 패트릭 캐버노프의 『우리의 삶은 하나님께 드리는 예배입니다』(브니엘 역간)에서 인용(재번역)

2

하나님과의 관계를
가장 귀하게 여기는 예배자

하나님과 동행하기를 기뻐하라 23

"모세가 그 증거의 두 판을 모세의 손에 들고 시내 산에서 내려오니 그 산에서
내려올 때에 모세는 자기가 여호와와 말하였음으로 말미암아
얼굴 피부에 광채가 나나 깨닫지 못하였더라"
(출 34:29).

4월 16일, 나는 내쉬빌 시내의 호텔에 머무르고 있었다. 그런데 갑자기 토네이도가 시 전체를 덮칠 것이라는 뉴스가 전해졌고, 우리는 모임 장소를 즉시 떠나야만 했다. 우리는 재빨리 계단을 내려와 조금 더 안전한 주차장으로 피했다.

토네이도는 내쉬빌을 덮쳤고 엄청난 피해를 주었다.

토네이도가 지나간 이후, 다시 도시 중심가에서 모두 떠나라는 경보가 발령되었다. 가스관이 터진 것이다. 내쉬빌 중심가는, 부서진 유리 조각과 뒤틀어진 금속들로 가득 차 마치 폭풍이 휘몰아치는 유령 마을처럼 보였다.

엘리베이터를 타고 방으로 올라가서 가방을 꾸리고 있는데 갑자기 전기가 나가고 말았다. 나는 가방을 들고 계단으로 향했다.

계단에 들어서자마자, 내 뒤에 있던 방화벽이 갑자기 쾅 하고 닫혔다. 전기가 나갔고 비상등도 없던 차라 사방은 바로 앞에 있는

손도 보이지 않을 만큼 어두컴컴했다.

순간, 꽤나 복잡한 상황에 처했다는 생각이 뇌리를 스쳤다. 190센티미터의 키에 몸무게가 90킬로그램이 넘는 나는 한 손에는 기타 케이스를, 다른 손에는 어른 한 명이 들어갈 수 있을 만큼 커다란 여행 가방을 들고 있었다. 급한 마음으로 4층에 서 있었지만 아무것도 보이지 않았다. 계단은 몇 개나 될까? 다음 층계참은 어디쯤일까? 거구의 사람이 손에 기타를 들고도 계단을 잘 굴러 내려간 경우가 있었을까? 어렸을 때 봤던 로드런너 만화의 장면이 머릿속을 스쳤다.

그 때 한 가지 사실이 기억났다. 오래 전에 보이스카우트를 했을 때, 언제나 준비되어 있어야 한다고 선서한 적이 있었다. 어렸을 때 보이스카우트 야영에서 받았던 힘든 훈련을 잘 견디었으니 비록 칠흑 같지만 내쉬빌의 계단쯤은 충분히 내려갈 수 있을 것이라는 생각이 들었다. 다급한 상황에서 놀랍도록 창조적인 아이디어가 하나 떠올랐다. 나는 손목시계의 라이트 버튼을 손가락으로 눌렀다. 무슨 일을 한 건지 짐작하겠는가? 너무나 깜깜했기 때문에 시계 불빛은 다음 층계참까지 계단이 몇 개나 남았는지 밝혀주기에 충분했다. 그래서 나는 아무 문제없이 아래까지 내려올 수 있었다.

내게 작은 불빛이 있다는 사실이 너무나 감사했다. 그 순간, 내 호텔 방에 있는 스탠드는 아무 쓸모가 없었다. 내게 필요한 것은 어디를 가든지 사용할 수 있는 불빛이다.

그런데 우리의 예배는 손전등보다는 스탠드 같을 때가 많다. 우리는 교회로 들어가면서 스탠드의 스위치를 눌러 자신을 '예배 모드'로 만든다. 그리고 교회 문을 나서면서부터는 스위치를 내려버린다. 마음의 상태가 예배의 필수 요소라면, 예배는 우리의 상황에 따라서 성공할 수도, 실패할 수도 있을 것이다.

매일매일 모든 상황 속에서 우리가 예배자로 살아가지 않는다면 순전한 예배자로서의 마음을 회중에게 전달할 수 없다. 기타를 연주하든, 드럼을 연주하든 예배팀에 속한 사람들에게 이것은 큰 도전이 된다. 예배자로서의 순전한 마음은 우리 각자가 삶으로 드리는 예배에서 생겨난다.

겸손한 요리사였던 로렌스 형제가 300여 년 전 영성에 대해 쓴, 『하나님의 임재 연습』(두란노 역간)은 예배에 관해 가장 영향력 있는 책 중 하나다. 그는 어떻게 자신이 하나님과 계속해서 동행하게 되었는지를 기록했다. 로렌스 형제는 시끄러운 주방에서 냄비나 프라이팬을 닦을 때나, 무릎을 꿇고 기도할 때나 동일한 마음으로 하나님 앞에 머물렀다. 그는 이것을 '끊임없이 모든 행위 하나하나마다 하나님의 임재를 연습하는' 기술이라고 불렀다.

로렌스 형제는 또한 "계속해서 하나님과 동행하는 것보다 더 잘 사는 방법은 세상에 없다"고도 말했다.

로렌스 형제를 본받는다면 우리가 교회 안에서 드리는 예배는 정말 혁신적으로 변할 것이다! 예배를 인도할 때나, 드럼 세트를 정리할 때나, 펑크 난 타이어를 갈아 끼울 때나 각자의 자리에서 하나님의 임재 안에 거할 수 있다면 우리 예배팀의 태도는 정말 놀라울

만큼 변할 것이다!

하나님의 임재의 빛에는 긴 전깃줄이 필요치 않다. 하나님은 우리와 언제나 함께하시기 때문이다. 어떻게 하면 우리도 로렌스 형제처럼 그 사실을 깨달을 수 있을까? 원칙으로 돌아가면 된다.

1. 쉬지 말고 기도하라. 하루 종일 주님과 대화하고, 평범한 일상이든, 즐거운 시간을 보내든 하나님의 임재를 기억하라.

2. 하나님의 말씀을 읽는 데 시간을 들이라. 공허한 상태의 그리스도인은 예배할 수 없다. 예배는 언제나 하나님이 우리의 삶에 행하시는 것에 대한 반응이어야 한다. 하나님이 우리의 찬양을 받으실 만한 분인지 알지 못한다면 어떻게 예배할 수 있겠는가?

3. 샤워를 할 때나 성소에서나 늘 찬양하라. 집과 자동차를 찬양의 소리로 가득 채우라. 하루에 몇 번이나 뉴스를 듣는가? 라디오에서 하는 이런저런 말들을 꼭 들어야만 하는가?

이 모든 것은 영적인 훈련이다. 즉, 헌신과 노력이 필요하다. 이것은 또한 투자한 돈이 이자와 함께 늘어나는 것과 마찬가지로 시간이 지남에 따라 커간다.

지금 바로, 당신은 세상의 어두운 계단 가운데 서 있다. 성전에 있는 교회 스탠드는 지금 당장 당신에게 도움이 되지 않지만 손목시계의 불빛이 당신을 살릴 수 있다. 하나님의 임재를 연습한다면, 산을 내려오는 모세의 낯빛처럼 어디를 가든 당신의 얼굴은 밝게 빛날 것이다.

2
하나님과의 관계를
가장 귀하게 여기는 예배자

하나님의 능력이 드러나게 하라 24

"제단 위의 피와 관유를 가져다가 아론과 그의 옷과 그의 아들들과
그의 아들들의 옷에 뿌리라 그와 그의 옷과 그의 아들들과
그의 아들들의 옷이 거룩하리라"
(출 29:21).

이스라엘의 대제사장이었던 아론과 그의 아들을 위해서 하나님이 디자인하신 옷은 믿기 어려울 정도로 아름다웠을 것이다. 출애굽기 28장에서 하나님은, 모세에게 옷의 흉패와 에봇, 겉옷, 반포 속옷, 관, 띠 등에 대해서 놀라우리만큼 정교하고 구체적으로 묘사하신다. 그리고 이런 일을 할 사람들은 그 영역에서 기술이 가장 뛰어난 사람이어야 한다고 주님은 계속해서 말씀하신다. 이런 옷들은 동네 할인매장에서 살 수 있는 기성품이 아니었다. 삯바느질하는 사람들이 만든 것도 아니다. 이스라엘에서 가장 훌륭한 기술이 있는 사람들이 그 일을 했다. 직조공, 디자이너, 자수업자, 대장장이, 그리고 재단사 모두가 포함되어 있었다. 반나절 만에 완성할 수 있는 일은 분명히 아니었다. 이 옷들은 아론과 그의 아들이 성직을 감당할 때 입는 공식적인 예복이었다는 사실을 기억하라.

이런 것을 생각하면서 아론과 그의 아들들이 그 옷을 어떻게

입었을지 상상해 보라. 분명히 자랑할 만했을 것이다. 이스라엘에서 하나님이 디자인하신 옷을 입는 사람은 없었을 테니까.

하나님은 예복이 완성되면 가장 먼저 아론과 그의 아들에게 제사장직을 위임해서 거룩히 구별하라고 명령하셨다. 옷을 만드는 데 필요한 세부사항까지 세세히 말씀하신 주님은 그들을 위임하는 방법 또한 구체적으로 설명해 주셨다. 곡식과 포도주뿐만 아니라 동물들도 바쳐야 했다. 최근에 나는 이 부분을 다시 읽으면서 한 구절이 놀라움으로 다가왔다. "제단 위의 피와 관유를 가져다가 아론과 그의 옷과 그의 아들들과 그의 아들들의 옷에 뿌리라 그와 그의 옷과 그의 아들들과 그의 아들들의 옷이 거룩하리라."

당신이라면 어떻게 반응했겠는가? "뭐라고요? 지금 이 아름다운 새 옷에 피와 기름을 뿌리라는 말씀입니까?" 이 당시는 세탁 세제도, 염소 표백제도, 드라이클리닝도 없었던 시절이라는 사실을 기억해보자. 아마도 핏자국은 지워지지 않을 것이다. 그런데 왜 그렇게 하라고 하신 것일까?

이것이 갖는 분명한 영적 의미는 이 명령이 후에 이스라엘의 제사 규례로 알려진 것의 시초라는 사실이다. 그 피는 의복과 그것을 입는 사람을 거룩하게 하는 것이지만 그 외에 아론과 그의 아들들의 부담을 없애주었다고도 볼 수 있다. 이제 그들은 새 옷에 피가 튈까봐 염려하지 않아도 된다. 하나님이 친히 옷에 피를 뿌리심으로 이제 그런 걱정은 더 이상 하지 않아도 되는 것이다.

만약 그들이 예복을 흠 없이 하는 데 대부분의 시간을 사용했다면, 사역을 감당하기가 매우 힘들었을 것이다. 옷이 더러워질 것을 계속 걱정하면서 어떻게 제사장으로서 사람들을 섬길 수 있겠는가? "아버지, 빨리요. 제 왼쪽 어깨 뒤 좀 봐주세요. 희생 제물의 피가 튄 것 같아요." 그러나 하나님이 하신 단 한마디의 명령이 이 모든 걱정을 없앴다.

예배 사역을 하는 사람들은 구약의 제사장과 비슷한 역할을 감당하고 있다. 위의 사실을 적용해 보면, 하나님은 우리가 그분의 목적을 이루어갈 때에, 자신의 모습이 사람들에게 어떻게 보일지 너무 걱정하지 않기를 바라신다. 악보를 놓치기도 하고, 코드 하나를 잘못 치기도 하는 완벽하지 못한 '공연'은 주님의 관심 밖이다. 하나님은 우리의 부르심에 더 많은 관심을 두신다. 우리가 최고의 음악성을 동원해 일할 때보다, 하나님의 말씀과 성령이 우리를 통해서 일하시게 할 때 더 많은 것을 이루어낼 수 있다.

적당히 하고 변명하라는 뜻이 아니라 우리의 초점이 바른 곳에 있어야 한다는 의미다. 예배 사역에서 섬기는 우리들은 하나님의 말씀을 정기적으로 공부하면서 계속해서 성장해 나가야 한다. 그리고 우리가 섬기는 사람들을 위해서 기도해야 한다. 우리의 초점을 기술적인 것보다는 영적인 관계에 더 맞춰야 한다. 할 수 있는 한 최선을 다해 음악적으로 준비해야 하지만, 하나님과 그분의 백성을 섬길 때 얻게 되는 영적인 결과들이 훨씬 중요하다는 것을 제대로 이해해야 한다.

2

하나님과의 관계를
가장 귀하게 여기는 예배자

지식과 열정으로 예배하라 25

"내 영혼이 여호와의 궁정을 사모하여 쇠약함이여 내 마음과 육체가
살아 계시는 하나님께 부르짖나이다"
(시 84:2).

튜바! 학교 밴드의 그 많은 멋진 악기들 중에서 나는 튜바를 연주하게 되었다! 그것은 마치 피스톤이 달린 석유 정제기같이 생겼다. 튜바를 연주하는 데 가장 적임자여서가 아니라 행진할 때에 그것을 들고 다닐 수 있을 만큼 유일하게 덩치가 컸기 때문이었다. 다른 사춘기의 아이들은 색소폰같이 멋진 악기를 연주하는데…. 색소폰은 정말 멋지게 보였고 특히나 여자애들이 참 좋아했다. 튜바는 어땠는지 아는가? 그것은 연습 시간 중간에 다른 사람들이 쓰레기를 농구공 삼아 던질 때 더할 나위 없는 농구 골대가 된다. 튜바는 독일 바이에른 지방의 여자애들한테나 멋지게 보일 것이다. 무릎까지 오는 바이에른 지방의 전통 바지를 입고 연주한다면 말이다.

드디어 공연 날 아침이 밝았고, 어느새 행진할 시간이 되었다. 트랙터가 이끄는 건초 덮개로 덮은 짐마차 몇 개와, 그 위에 탄 미스 옥수수구이, 미스 낙농랜드, 혹은 미스 존 디어 콤바인⁴ 등의 예쁜

여자들이 지나가는, 작은 시골 마을에서 열리는 행진이었다. 행진 대열 맨 끝에 우리 관악대가 있었고 악단 맨 끝에는 오직 튜바 하나만 있었다. 나는 혼자 "붕붕붕" 하는 저음을 냈다.

내게는 매우 중요한 순간이었다. 자식을 자랑스러워하는 다른 부모님들과 함께 우리 가족들이 길에 서 있었다. 나는 입 주위에 동그란 자국이 생길 정도로 연습을 많이 했다. 그리고 튜바에 달려 있는 작은 보면대에 악보를 올려놓았다. 행진이 시작되었다. 사람들은 손을 흔들었다. 지휘봉을 돌리는 의장대 여자애들은 마치 지휘봉이 손에 붙어있는 듯 정말 멋지게 돌렸다. 그런데 갑자기 튜바 혼자 소리를 내고 있다는 느낌이 들었다. 어? 원래 솔로 연주는 없었는데…. 왼손으로 내 얼굴 앞의 악보를 치워보니까 나 혼자였다. 악단이 행렬을 따라 오른쪽으로 방향을 틀었을 때 나는 악보를 보는 데 열중하느라 지휘자를 보는 것을 잊어버리고 멍하게 앞으로만 걸어갔던 것이다.

우리 예배팀들도 가끔은 지휘자에 대해서 잊어버린다. 교회의 예배 인도자를 두고 하는 말이 아니라 하나님을 바라보지 않는다는 말이다. 음악적으로 완벽하게 연주하기 위해서 노력하다 보면, 예배란 하나님과의 관계에 기반을 두어야 한다는 사실을 종종 잊어버리고 만다.

마음이 없이 연주하는 음악은 단지 기술에 지나지 않는다. 마

---
4 역주 : 미국의 오래된 트랙터 회사

음과 결합된 음악에만 능력이 있다. 아내에게 진부한 말로 가득한 싸구려 카드를 주는 것과, 호숫가를 함께 거닐다가 마음 깊은 곳의 감정을 표현하는 것의 차이라 할 수 있다. 둘 다 뭔가를 전하는 것이지만 후자의 경우라야 효과적으로 의사소통을 하는 것이다.

만약에 당신이 "홀란드 오퍼스"(Mr. Holland's Opus, 1995)라는 영화를 보았다면, 눈을 감은 클라리넷 연주자가 수학적인 음악 공식들로 자신의 마음을 표현하는 장면을 기억할 것이다. 그녀가 자기 앞에 놓여있는 악보에만 집중했을 때, 그 선율은 생명이 없었다. 그렇지만 그녀가 눈을 감고 마음으로 연주했을 때 아름다운 음악이 창조되었다. 그녀는 사람들이 일반적으로 말하는, 머리로부터 가슴으로 '18인치'를 내려왔던 것이다.

이 장면을 생각하면 교회의 모습이 떠오른다. 나는 정말 일류 연주자들이 아무런 흠 없이 공연을 해내는 많은 교회를 보았다. 그렇지만 그 예배 음악들은 마치 차가운 마카로니와 치즈처럼 생명이 없는 것 같았다. 반대로, 줄이 안 맞는 기타를 연주하는 예배 인도자가 주님을 향한 열정으로 예배를 드리는 것도 보았다. 그 음악은 회중들의 마음이 마치 높이 날아오르는 독수리와도 같이 천국으로 올라가게 해주었다.

우리는 음악적으로 훌륭한 연주를 위해서 계속 노력해야 한다. 하지만 연주의 완성도에 치중하느라 예배를 향한 열정과 감정의 표현을 잊어버려서는 안 된다. 찬양 인도자를 쳐다보는 것도 잊을 만큼 연주에 열중해서도 안 된다.

하나님과의 관계는 우리의 기쁨을 도저히 억누를 수 없을 만큼 열정이 솟아나는 그런 아름다운 관계가 되어야 한다.

찬양은 우리의 사랑으로 울려 퍼진다. 하나님을 향한 우리의 열정을 표현하려는 소망 안에서 우리의 음악은 이런 아름다운 관계를 표현하는 또 하나의 축복 받은 방법이 된다.

세상 음악가들도 감정을 벅차게 하는 사랑의 노래를 멋지게 불러서 청중들의 마음을 사로잡는다. 거짓된 인간의 사랑도 노래로 그렇게 잘 표현할 수 있다면, 가장 위대한 사랑이신 하나님을 찬양할 때에는 우리의 마음이 얼마나 더 타올라야 하겠는가?

시편 기자는 자신의 영혼이 여호와의 궁정을 사모해서 쇠약해지고, 마음과 육체가 하나님께 부르짖는다고 말한다. 이것이 바로 우리의 찬양 가운데 있어야 할 열정이다! 그는 하나님과 함께하고 싶어서 영혼이 쇠약해질 정도였다!

시편 103편 1절에서 다윗은 "내 영혼아 여호와를 송축하라 내 속에 있는 것들아 다 그의 거룩한 이름을 송축하라"고 말한다. 여기서 다윗은 자신의 속사람에게 열정으로 하나님을 예배하라고 명령하고 있는 것이다.

예배 중에 깊이 감동하여 눈물을 흘린 마지막 순간이 언제였는가? 상황이 어떻든 간에 당신의 속사람에게 제한 없이 하나님을 찬양하라고 명령했던 마지막 때가 언제였는가?

어쩌면 지금이 우리 자신을 다시 일깨워야 할 때인 것 같다. 예배로 세상을 이겨야 할 때다. 세상의 사랑 노래가 하나님을 향한 우리의 노래와 비교했을 때 아무것도 아닌 것이 되도록 우리의 사랑을 구주 되신 하나님께 가장 멋지게 표현해 올리자.

예배를 인도할 때는 최신 인기 찬양에만 의지해서 예배를 이끌어가지 않겠다고 다짐하라. 당신의 마음과 영과 뜻과 힘을 다해서 예배를 인도하라.

열정을 가지고 우리의 영광스러운 지휘자를 따를 때다. 머리로부터 가슴으로 18인치 내려올 때다!

2

하나님과의 관계를
가장 귀하게 여기는 예배자

사역의 목적을 이해하라 26

"그런즉 너희가 먹든지 마시든지 무엇을 하든지 다 하나님의 영광을 위하여 하라"
(고전 10:31).

실내에는 긴장된 분위기가 역력하다. 예배팀 오디션 현장에서 예배 인도자는 각 악기 연주자들이 편한 마음을 갖도록 힘쓰지만, 사람들의 손은 떨리고 목소리는 긴장되어 있다.

'내가 통과할 수 있을까? 만약 못하면 어쩌지?' 사람들은 저마다 같은 고민을 하며 초조해한다.

성경은 누가 예배 팀원이 될 수 있고, 될 수 없는지 구체적으로 말해주지 않는다. 그렇지만 음악뿐 아니라 교회의 모든 종류의 사역에서 적용되는 은사와 섬김에 관한 일반적인 원칙들은 있다. 기억해야 할 가장 중요한 말들은, '하나님의 은혜', '하나님의 부르심', '하나님의 영광'이다.

먼저, 예배의 기초는 하나님의 은혜다. 고린도전서 4장 7절은 정곡을 찌르는 질문을 하고 있다. "누가 너를 남달리 구별하였느냐 네게 있는 것 중에 받지 아니한 것이 무엇이냐 네가 받았은즉 어찌

하여 받지 아니한 것 같이 자랑하느냐?"

하나님의 은혜가 없었다면 음악을 할 수 없는 것은 말할 것도 없고, 그리스도인도 될 수 없었다. 에베소서 2장은 "너희는 그 은혜에 의하여 믿음으로 말미암아 구원을 받았으니 이것은 너희에게서 난 것이 아니요 하나님의 선물이라 행위에서 난 것이 아니니 이는 누구든지 자랑하지 못하게 함이라"(엡 2:8~9)고 말한다. 자기 자신을 예배하던 우리들이 진실하시고 살아계신 하나님을 예배하는 사람으로 바뀐 것은 하나님의 은혜다. 또한 우리가 가지고 있는 모든 은사들도 하나님의 은혜로 주어진 것이다.

베드로는 베드로전서 4장에서 우리에게 "각각 은사를 받은 대로 하나님의 여러 가지 은혜를 맡은 선한 청지기 같이 서로 봉사하라"(10절)고 말한다. 게다가, 고린도후서 9장 8절은 우리가 맺는 열매들 또한 하나님의 은혜로 말미암은 것이라고 말하고 있다. "하나님이 능히 모든 은혜를 너희에게 넘치게 하시나니 이는 너희로 모든 일에 항상 모든 것이 넉넉하여 모든 착한 일을 넘치게 하게 하려 하심이라." 하나님은 우리가 받은 지위(위치, 직분)로 인해 교만하지 못하게 하신다.

둘째로, 우리가 예배팀에 있는 것은 하나님의 부르심 때문이다. 주일 예배 때 자신이 앞에 서야 한다고 확신해도, 하나님의 부르심이 아니라면 그 느낌과 무관하게 내려와야 하는 것이다. 은사를 주시고 우리를 사역으로 부르신 분은 하나님이다. 평생의 사역으로 부르시기도 하지만, 대개의 경우는 특정 기간 동안에 부르신다.

나는 닐이라는 드럼 연주자를 잊을 수 없다. 닐은 평범한 드럼 연주자였지만 진정한 종이었다. 그는 최선을 다하고 싶어서 새 드럼 세트까지 자비로 샀다고 했다. 그렇지만 자신보다 더 은사 있는 사람이 나타나면, 자신은 기쁘게 드럼을 내려놓고 다른 것으로 섬기겠다고 말했다. 새로 온 사람이 자신이 산 드럼을 사용할 텐데도! 나는 너무나 놀랐고, 도전을 받았다.

정말로 닐보다 더 나은 드럼 연주자가 왔고, 닐은 다른 사역으로 옮겨갔다. 예배 팀원들 모두가 닐의 모범을 따른다면 어떤 일이 일어날지. 아마도 전국의 예배 인도자들이 새로운 열정을 회복할 수 있을 거라 확신한다.

예배 인도자는 예배를 통해 하나님께 가장 큰 영광을 돌리기 위해, 자신이 연주자나 싱어를 하나님의 뜻에 따라 자유롭게 배치할 수 있다고 느낄 때 정말 즐겁게 사역할 수 있다. 이것은 하나님이 각 사람을 어떤 자리로 부르셨는지 예배 인도자가 분별할 수 있다는 믿음을 싱어나 악기 연주자들이 갖고 있을 때에야 가능하다.

마지막으로, 하나님께 영광을 돌리는 것이 가장 우선 하는 목적이어야 한다. 예배 인도자로서 우리의 목적은 사람들이 우리가 아니라 하나님께 집중하게 하는 것이다.

물론 사람들 앞에서 예배 인도를 할 때마다 긴장감은 분명히 존재한다. 또한 우리가 예배를 인도할 때 사람들이 따르고 반응할 수 있어야 한다. 그렇지 않으면 예배 인도자가 있어야 할 이유가 없다. 그러나 사람들이 하나님이 아니라 우리의 '공연'에 집중하면 예배는 '오락'이 되고 만다.

사람들의 관심을 다시 하나님께 돌리고 사람들이 모든 예배와 사랑과 찬양을 받으시기 합당한 분께만 집중할 수 있게 도와줄 때 우리가 드러날 수 있다.

그렇기 때문에 우리는 박수 받고, 드러나고, 존경받고, 인정받기를 추구하는 내적인 열망과 싸워 이기겠다고 결정해야 한다. 그렇지 않으면 하나님께 영광 돌리려는 예배팀의 분명한 목적과 정면으로 대치하는 것이다.

하나님의 은혜, 하나님의 부르심, 하나님의 영광. 이 세 가지 기반이 바로 잡혀 있다면, 예배 사역에서 섬기는 것이 우리에게 진정한 기쁨이 될 뿐 아니라 하나님께도 기쁨이 될 것이다.

2

하나님과의 관계를
가장 귀하게 여기는 예배자

우선순위를 조정하라 27

"사람이 자기의 친구와 이야기함 같이 여호와께서는 모세와 대면하여 말씀하시며 모세는 진으로 돌아오나 눈의 아들 젊은 수종자 여호수아는 회막을 떠나지 아니하니라"
(출 33:11).

우리가 존재하는 궁극적인 이유는 하나님과 관계를 갖는 데 있다. 즉, 하나님과 친구가 되는 것이다. 물론 우리는 하나님이 받으실 만한 제사를 드리고 마음에서 우러난 예배를 드리는 제사장으로서 부름 받기도 했지만, 우리의 최우선 순위는 하나님의 마음 가까운 데 거하는 친구가 되는 것이다.

나는 하나님과 교제함으로써 내 삶에 대한 하나님의 계획을 알고 이해하기 시작한다. 하루 일과를 마칠 때쯤이면 하나님과 더 깊은 관계가 되기를 나는 갈망한다. 하나님의 거룩한 임재 가운데 더 가까이 가기 위해서는, 아직도 하나님과의 우정을 더욱 쌓아가야 한다.

내 아들 매튜는 내게 무척 소중한 존재다. 우리는 기회가 되면 함께 놀면서 시간을 보낸다. 개와 같이 놀기도 하고, 축구공을 차기도 하며, 잔디를 같이 깎기도 한다. 무엇을 하든 상관없다. 우리는 친구기 때문에 그저 함께 시간을 보내는 것이 좋다. 그러면서 매튜는 아버지와 같이 시간을 보내기를 원하는 본질적인 필요들을 채우는 것이다. 이 시간에 우리는 친밀해지고 우정도 깊어진다.

하늘에 계신 아버지도 우리 각자와 이와 같은 관계를 원하신다. 우정을 가장 중요한 테마로 하여 라넬 해리스가 불렀던 노래와 같다. '주님, 당신과 같이 시간을 보내고 싶습니다. 그렇지만…' 이 부분이 후렴으로 계속해서 반복되고, 각 절은 왜 자신이 주님과 시간을 보낼 수 없는지를 설명한다. 이 노래를 처음 들었을 때 가사가 내 마음에 콱 박히는 것 같았다. 내가 하나님과 시간을 같이 보낼 수 없다고 늘어놓는 변명들과 너무나 똑같았기 때문이다.

나는 성경에서 하나님과 진실한 우정을 나누었던 사람들의 이야기를 묵상하기 좋아한다. 역대하 20장 7절에 보면 아브라함을 하나님의 벗이라고 부르고 있다. 이사야 41장 8절에서는 "나의 벗 아브라함"이라고 말하고 있으며, 야고보서 2장 23절에서는 "아브라함이 하나님을 믿으니 이것을 의로 여기셨다는 말씀이 이루어졌고 그는 하나님의 벗이라 칭함을 받았나니"라고 기록하고 있다. 아브라함은 가장 높으신 분의 진정한 친구다.

내가 제일 좋아하는 성경 구절 중 하나가 이 장을 시작하면서 읽었던 출애굽기의 말씀이다. 출애굽기에는 하나님이 모세에게, 마치 어떤 사람이 친구에게 이야기하듯 말씀하시는 엄청난 사건이 기록되어 있다. "모세가 회막에 들어갈 때에 구름 기둥이 내려 회막 문에 서며 여호와께서 모세와 말씀하시니 모든 백성이 회막 문에 구름 기둥이 서 있는 것을 보고 다 일어나 각기 장막 문에 서서 예배하며 사람이 자기의 친구와 이야기함 같이 여호와께서는 모세와 대면하여 말씀하시며 모세는 진으로 돌아오나 눈의 아들 젊은 수종자 여호수아는 회막을 떠나지 아니하니라"(출 33:9~11). 와! 그 무엇도 하나님과의 이러한 관계와 바꿀 수는 없다!

하나님의 친구가 되는 것은 그렇게 힘든 것이 아니다. 하나님과의 관계는 수많은 미로와 시험들을 통과해야 얻을 수 있는 신비한 것이 아니다. 하나님과의 우정을 시작하는 가장 훌륭한 예가 누가복음 10장 38절부터 42절에 기록되어 있다. 마리아가 예수님의 발치에 앉아서 그분의 말씀을 듣는 장면이다.

예수님은 마르다의 초청을 받고 그녀의 집으로 간다. 성경이 기록하기를, 마르다는 준비하느라 무척 바빴다고 한다. 그녀는 집에 온 사람들을 섬기느라 너무나 분주했다. 그런데도 마르다의 동생 마리아는 예수님의 발치 가까운데 앉아서 주님의 말씀을 들었다. 마르다는 자기 혼자 모든 일을 해야 했기 때문에 화가 많이 났다.

여기에 중요한 핵심이 있다. 우리는 '너무 바쁜' 것을 지양해야 한다. 이런 태도는 하나님의 친구가 되는 데에 가장 커다란 걸림돌 중 하나다. 어떤 것이 각자의 우선순위가 되는지 아마 자신이 잘 알고 있을 것이다. 혹시 하나님과 시간을 보내는 것이 가장 나중 순위는 아닌가?

내가 20대 초반이었을 때, 우리 교회에서 시간 관리와 우선순위에 대한 세미나가 열렸다. 세미나가 끝난 후 며칠 뒤, 나와 친구들은 어떻게 하루 일과를 잘 계획해서 묵상하는 삶을 살 수 있을지 이야기했다. 그 때 친구 데이브가 "나는 말로 하는 것은 믿을 수 없어. 너의 진짜 우선순위는 매일 네가 하는 것들이야. 네가 뭘 하고 있는지 보면 그것이 진짜 너의 우선순위라는 사실을 알 수 있을 거야"라고 말했다.

하나님 아버지는 우리의 친구가 되기를 몹시 원하신다. 또한 우리가 하나님의 친구가 되기를 원하시고, 우리가 그분의 생각과 방법들을 잘 알기를 바라시며, 사랑과 존귀, 하나 된 마음으로 살아가는 친구가 되기를 소원하신다.

2

하나님과의 관계를
가장 귀하게 여기는 예배자

하나님과 더욱 친밀해지라 28

"주여 주는 대대에 우리의 거처가 되셨나이다"
(시 90:1).

우리 가족은 늘 휴가를 같이 간다. 테네시 주의 산에도 갔고, 메인 주의 호수에서 즐거운 시간을 보내기도 했다. 플로리다 해변에서나 미시간 호수에서, 심지어 머무는 호텔에서도 우리 가족은 수영하는 것을 정말 좋아한다. 워싱턴 D.C나 시카고나 필라델피아의 멋진 박물관도 방문했고, 켄터키 주의 루이스빌에 있는 루이스빌 슬러거 야구배트 공장에도 가봤으며, 나이아가라 폭포에도 갔다. 우리는 새로운 경험들로 가득한 즐거운 시간들을 보냈다. 하루의 일과에서 탈출하는 것은 정말로 즐겁다. 이것은 우리를 정신적으로나 신체적으로 젊게 만든다.

그렇지만 여행을 며칠 또는 몇 주 동안 계속하면, 집에 돌아가고 싶은 마음이 생긴다. 다른 사람들의 집이나 호텔에 머무는 것도 나쁘지 않지만 집에 있는 침대에서 자는 것만은 못하다. 우리의 집에는 편안함이 있다. '아무리 누추하여도 집만 한 곳이 없다'는 오래

된 속담은 정말 사실이다.

그런데 하나님과의 관계를 휴가 가는 것과 비슷하다고 여기는 사람들이 많다. 놀러가고 쉬기에는 좋지만, 그들의 집은 아니다.

그렇지만 성경은 "주여 주는 대대에 우리의 거처가 되셨나이다"라고 말씀한다. 하나님은 우리가 방문할 곳이 아니라 우리의 집이다. 하나님은 현실에서 벗어나신 분이 아니라, 바로 우리의 현실인 것이다.

성경은 하나님이 항상 우리와 함께하신다는 사실을 명확하게 말하고 있다. "내가 주의 영을 떠나 어디로 가며 주의 앞에서 어디로 피하리이까 내가 하늘에 올라갈지라도 거기 계시며 스올에 내 자리를 펼지라도 거기 계시니이다 내가 새벽 날개를 치며 바다 끝에 가서 거주할지라도 거기서도 주의 손이 나를 인도하시며 주의 오른손이 나를 붙드시리이다"(시 139:7~10). 사실, 우리는 하나님의 임재에서 벗어날 수 없다. 그러나 그분의 임재를 깨닫기 위해 노력할 때에 더욱 그분의 임재 안에 살 수 있다.

일상 속에서 하나님을 더 잘 느끼는 법을 계발하는 것은 참으로 중요하다. 우리 안에 하나님의 임재가 있고, 하나님이 우리와 함께하신다는 사실을 바로 알면, 자연스럽게 하루 종일 하나님과 관계를 갖게 된다. 로렌스 형제는 하나님의 임재를 연습하는 것에 대해서 말했다. 그는 자신이 하는 모든 행동들 가운데에 하나님이 함께하신다는 사실을 알았다. 그래서 자신이 하는 모든 것을 통해 하나님과의 관계가 더 깊어지게 했다. 그의 기도는 다음과 같았다.

'나의 하나님, 주님은 나와 함께하십니다. 그런데 제가 하는 일도 주님의 뜻이기 때문에, 그 일을 하면서도 계속해서 주님 안에 머무르고 주님과 함께할 수 있도록 은혜를 내려주소서. 그리고 주님, 맡은 일들을 더 잘할 수 있도록 저와 함께 일해 주시고, 제 모든 일들을 받으시고, 제 모든 사랑을 받으소서.'[5]

무소부재하신 하나님과 우리의 관계가 올바르게 맺어지기 위해서는, 로렌스 형제가 말했듯이 우리가 하는 모든 일들에서 하나님의 임재를 깨달아야 한다. 하나님의 임재는 좋은 장소를 방문했을 때처럼 가끔씩 생기는 것이 아니라 늘 우리 안에 있어야 하는 것이다.

내가 어린아이였을 때, 우리 가족은 개를 키웠다. 자라면서 자주 이사를 했지만, 도시에서 살았던 적은 없었다. 들판과 숲들 사이에서 사는 것을 더 좋아했기 때문이다. 우리가 키우는 개의 털에서 진드기를 찾아내는 것은 우리의 일상이 되었다. 만약 진드기를 본 적이 없다면 당신은 참 행운아다. 마치 작은 벌레와 같은 진드기는 거의 보이지도 않을 정도로 작은 것도 있고 작은 파리만 한 것도 있는데 참으로 넌더리나는 것들이다. 좀v 전문적으로 말하자면 그것들은 거미나 전갈 등이 속하는 거미류에 속한다. 어쨌든, 백과사전은 그들의 삶을 다음과 같이 표현한다. '뭔가를 꽉 붙잡을 수 있는 앞발은 숙주(기생 동물이 기생하는 동물이나 식물 - 편집자 주)에 올라타기 쉽게 한다. 그들은 숙주의 몸에서 안전한 장소를 재빨리 찾아내고는

■
5 로렌스 형제, 『하나님의 임재 연습』(두란노 역간)

입 부분을 살 속에 넣고 빨아먹기 시작한다. 그리고 배가 부르면 숙주를 떠난다.'(내 삶의 방식이 그런 '류'에 속하는지도 모르겠다!)

정말 엄청나지 않은가! 자신들이 살아갈 만큼만 빨아먹고는, 필요가 채워지면 떠나 새로 시작하는 것이다.

많은 사람들이 하나님과 이런 식으로 관계를 맺는다. 주일 아침에 교회에 가서 다음 주일까지 살아갈 만큼 하나님께 생명을 얻은 다음, 남은 6일 동안은 하나님을 무시하면서 사는 것이다.

당신은 어떤가? 그냥 때때로 하나님을 방문할 뿐인가, 아니면 하나님이 당신의 거처가 되는가? 당신은 예배 사역 때문에 악기를 연주하고 노래할 따름인가, 아니면 주님이 당신이 실제로 머물고 있는 본향이 되는가?

2

하나님과의 관계를
가장 귀하게 여기는 예배자

하나님을 전심으로 사랑하라 29

"예수께서 이르시되 너희는 사람 앞에서 스스로 옳다 하는 자들이나
너희 마음을 하나님께서 아시나니 사람 중에 높임을 받는 그것은
하나님 앞에 미움을 받는 것이니라"
(눅 16:15).

이 구절이 바리새인들에게 하신 말씀이라는 것을 나도 잘 안다. 그렇지만 우리들도 이따금 바리새인들의 태도를 가진다. 버논 M. 휠리는 자신의 어린 시절의 이야기를 『지역 교회의 음악과 예배를 이해하기』라는 책에서 들려준다.

'나는 선교사 집안에서 자라났다. 성장기의 대부분을 알래스카에서 보냈다. 부모님은 다양한 종류의 장애를 가진 사람들을 섬기려는 비전과 마음을 가지고 계셨다. 몇 년이 지나서, 우리 교회에 꽤 많은 장애인들이 나오기 시작했다. 그들이 교회에 혼자 올 수 없다면, 아버지는 오래된 스테이션왜건으로 그들을 데려왔다.

그 사람들은 하나님의 은혜 그 자체였다. 알코올 중독자가 집사가 되고, 창녀가 주일학교 선생님이 되며, 시각장애인이 성인 성경공부반에서 가르치고 예배 때 피아노를 쳤다. 과거에 범죄자였던 사람이 지금은 교회의 수위로 일하고 있다. 어릴 때부터 다리를 절룩

거리던 사람이 주일 아침마다 교회 입구에서 사람들을 맞이했고 다운증후군을 가진 젊은이는 헌금 시간을 도왔다. 이 모든 사람들은 하나님 나라의 일원이었고, 자신이 가진 능력을 최대한 발휘해 하나님을 섬기고 있었다. 열 살짜리 소년에게 그런 모습이 어떤 영향을 미쳤을까?

그런데 교회에 끔찍한 상황이 벌어졌다. 아니, 어린아이인 내게는 끔찍하게 보였다. 어떤 부부가 딸을 낳았는데 걸을 수도, 말할 수도 없는 심각한 장애를 지니고 있었다. 그녀가 교회에 오면 누군가가 도와야만 했다. 그녀는 혼자서 밥을 먹을 수도 없었고, 늘 갖고 다니는 석판에 씌어 있는 알파벳을 가리켜야만 의사소통을 할 수 있었다. 일반학교에서는 그녀의 상황에 필요한 모든 것을 채워줄 수 없었기 때문에 홈스쿨을 받아야만 했다. 그녀를 주일 예배에 데려오는 것은 우리 부모님이 맡으셨다. 차 안에서 떨어지는 것을 막기 위해서 그녀를 휠체어에 묶어두어야 했기 때문에 그녀의 부모님은 그런 고난을 가족이 겪어야 한다는 사실에 하나님을 매섭게 비난했지만, 이 소녀의 마음은 생명과 기쁨으로 가득 찼다. 그녀는 정말 주님을 사랑했다.

아버지는 주일 저녁예배 시간에 찬양하는 것을 좋아하셨다. 아버지는 1940년대 Youth for Christ 운동이 전국을 뒤덮을 때 사역을 시작하셨는데 그것을 통해 받았던 영향과 감동을 절대 잊지 못하셨다. 그래서 주일 저녁마다 온 회중과 함께 오랫동안 찬양하는 시간을 가졌다. 찬양을 하면서 중간중간에 감사의 간증을 하였다.

그러던 어느 주일 저녁이었다. 아버지가 회중들에게, 일어나서 하나님의 선하심을 찬양할 사람이 있느냐고 물었던 기억이 난다. 그런데 갑자기 동요가 일어났다. 나는 뒤를 돌아보았고, 심각한 장애를 가진 그 소녀가 휠체어를 타고 천천히 앞으로 나오는 것을 보았다. 회심한 알코올 중독자가 그녀에게 다가가서 강대상 오른쪽 앞에 설 수 있도록 도와주었다. 그녀는 아버지에게 휠체어 쪽으로 와달라고 몸짓했다. 아버지는 조금 당황하셨다. 그래도 그 소녀는 기죽지 않고 알파벳 단어들을 짚어 솔로로 찬양하고 싶다고 표현했다. 아버지는 좀 당황한 것 같았다. 어떻게 그르릉 거리는 소리만 낼 수 있는 소녀가 입으로 하나님을 찬양할 수 있는가! 아버지는 그녀에게 무슨 노래를 부르고 싶으냐고 물었고, 그녀는 찬송가에서 '나 같은 죄인 살리신'을 짚었다. 아버지는 맹인 피아노 연주자에게 물었다. "지미! '나 같은 죄인 살리신' 연주할 수 있어? 오늘 밤 특별 찬양을 부를 사람이 있어." 지미는 짧은 전주를 연주했고, 그녀는 음악에 맞추어서 그르릉 끙끙 하는 소리를 냈다.

노랫소리를 정확하게 알아들을 수는 없었지만 음절을 똑바로 말하거나 음악가다운 소리를 내지 못하는 것은 아무런 문제가 되지 않았다. 우리 모두는 그녀가 찬양한다는 것을 직관적으로 알 수 있었고, 무엇보다도 그녀가 왜 찬양하는지 이해할 수 있었다. 우리 모두는 그녀가 살아계신 하나님께 진정한 마음으로 찬양하고 있다는 것을 알았다. 눈시울을 적시지 않은 사람은 아무도 없었다. 심지어 꼬마들까지도 그 모습에 사로잡혀서 그 순간에는 조용히 했다. 그리고 나는 하나님이 영광 받으시고 찬양 받으셨다는 것을 확신한다. 그 소녀는 하나님을 신령과 진정으로 예배하고 있었다[6]

당신이 만들어내는 음악, 즉 예배를 특별하게 만드는 당신의 목소리나 연주가 사람들의 마음을 하나님께로 나아가게 한다는 사실을 아는가? 하나님이 그런 은사와 능력들을 당신에게 주셨다. 그리고 그것들을 사용하는 것은 아무런 잘못이 아니다. 그렇지만 하나님은 우리의 마음에 훨씬 더 관심을 기울이신다. "너희는 사람 앞에서 스스로 옳다 하는 자들이나 너희 마음을 하나님께서 아시나니 사람 중에 높임을 받는 그것은 하나님 앞에 미움을 받는 것이니라" (눅 16:15).

바리새인과 같은 태도 때문에 하나님을 진정으로 예배하는 마음이 방해받지 않도록 하라. 우리의 음악과, 은사와, 능력들은 우리를 위한 것이 아니라 하나님의 영광을 위한 것이다. 그것들에 사로잡히지 말고 오직 하나님께만 사로잡혀라.

---

6 Vernon M. Whaley, Ph D., *Understanding music & worship in the local church* (Wheaton, Ill : Evangelical Training Association, 1995) pp. 10-12.

지 신실한 태도를 유지하라/2/익숙함과 무뎌짐을 구별하라/3/약할 때 강함 주심을 믿으라/4/특권으로 삼으라/5/쓴뿌리를 남겨 두지 마라/6/기도를 통해 예배를 섬기라/7/겸손으로 고통을 이기라/8/사역을 즐거워하라/9/스스로를 낮추라/10/하나님께 온전히 위탁하라/11/사람들을 두려워하지 마라/12/동기를 점검하라/13/완벽주의 성향을 다스리라/14/예배할 때 믿음을 가지라/15/하나님의 음성에 민감하라/16/예배하는 이유를 잊지 마라/17/하나님의 인도하심을 바라라/18/자기 자리를 지키라/19/하나님을 기대하라/20/거룩한 낭비를 드리라/21/모든 우상을 버리라/22/하나님께 시선을 고정하라/23/하나님과 동행하기를 기뻐하라/24/하나님의 능력이 드러나게 하라/25/지식과 열정으로 예배하라/26/예배의 목적을 이해하라/27/우선순위를 조정하라/28/하나님과 친밀해지라/29/하나님을 인격적으로 만나라/30/자신의 은사를 갈고닦으라/31/실패를 뛰어넘으라/32/사역자로서의 정체성을 가지라/33/예배를 위해 탁월함을 추구하라/34/자신을 계발하기 위해 노력하라/35/자신에게 책임을 지우라/36/예배에 있는 능력을 활용하라/37/시너지를 이해하라/38/이기적을 버리라/39/서로의 은사를 인정하라/40/반대 의견과 불순종을 구별하라/41/연합하라/42/새로운 도전을 기뻐하라/43/전체적인 조화를 이루라/44/서로 친밀함을 맺으라/45/다른 이의 동의와 진심을 신뢰하라/46/서로 돕고 격려하라/47/자신의 자리와 한계를 지키라/48/예배의 본질에서 다양함을 발견하라/49/마음과 표현으로 서로를 사랑하라/50/본이 되는 삶을 살아가라/51/섬김의 예배를 드리라/52/삶으로 예배하라/53/순간을 예배로 바꾸라/54/말을 통해 예배하라/55/예배자의 부르심에 견고히 서라/56/정결한 삶을 유지하라/57/하나님을 경외하라/58/하나님이 일하시게 하라/59/어디서나 예배하기로 결정하라/60/생각의 청지기가 되라

3

탁월함을 추구하는 예배자

3

탁월함을
추구하는 예배자

자신의 은사를 갈고닦으라 30

"레위 사람의 지도자 그나냐는 노래에 익숙하므로 노래를 인도하는 자요"
(대상 15:22).

사람들은 내가 오랫동안 사역을 해왔기 때문에 음악적 실력이 훨씬 좋아졌을 거라고 생각할 것이다.

나는 1년에 백 일 정도 여행을 한다. 그래서 공항과 음식점과 호텔 등에 가는 방법을 잘 알고 있다. 나는 내 일을 좋아하지만, 여행을 하는 동안에 싫증을 느낄 때도 있다. 그리고 그렇게 느낄 때는 꼭 큰 실수를 하고 만다.

여행을 마치고 집에 돌아와서 다시 여행 가방을 싸지 않고도 보낼 수 있는 안락한 3주가 주어지면, 나는 즉시 기타를 옆으로 치워버린다. 그리고는 3주가 지나 공항으로 허둥지둥 달려 들어가면서, 애리조나의 피닉스에 도착했을 때 기타와 가방이 엉뚱한 곳에 가 있지 않기만을 기도한다.

성경은 우리가 지은 죄가 우리를 찾아낼 것이라고 말씀한다.[1] 죄는 나를 항상 찾아낸다. 어떤 이들은 내가 어쿠스틱 기타로 솔로 연주를 할 때 얼굴을 찡그리는 이유가 80년대 록 기타리스트들을 흉내 내려고 하기 때문이라고 생각한다. 그러나 결코 그렇지 않다! 나는 정말 고통으로 얼굴을 찡그리는 것이다. 손가락 끝이 혹사를 당해서 흐느끼고 있는 것이다. 아무리 뛰어난 기타 연주자라 해도 3주 동안 기타를 가까이 하지 않는다면, 손가락 끝에 굳은살이 남아 있지 않을 것이다. 손가락 끝의 고통은 게으름이라는 죄가 나를 사로잡아 버린 결과다.

요즈음에는 보통 예배에 대해 두 가지 극단적인 생각이 있다. 한쪽에선 열정이 모든 것이며 음악적인 탁월함은 단지 좋은 액세서리에 불과하다고 생각한다. 또 한쪽에선 음악을 정확하고 훌륭하게 연주하는 것이 마음과 영혼보다도 더 높이 평가되어야 한다고 가르친다.

나는 예배팀이 음악적인 향상과 영적인 발전 둘 다를 추구하는 목표를 정해야 한다고 생각한다. 그러나 지금 바로, 당신의 손가락 끝을 한번 보라!

이 장을 시작하면서 우리가 본 성경 말씀은 그나냐가 음악적인 기술이 뛰어났기 때문에 노래를 부르는 사람들 전체를 총괄하게 되었다고 전한다. 그가 단지 따뜻한 마음을 가졌거나 성령에 감동했기 때문에 이 일을 맡은 것이 아니다. 그나냐는 노래 부르는 기술이 향상되도록 열심히 노력했다. 아마도 히브리 성악 학교의 한 학기를

---

1 역주 : 민수기 32장 23절

우수한 성적으로 마쳤을지도 모른다. 알토 파트를 담당한 사람들이 시끄러운 연주 소리 가운데 오랜 연습으로 인해 청력이 약해졌지만 그나마는 그들이 정확하게 화음을 넣어서 노래할 수 있도록 지휘할 수 있었다.

음악적 재능이 뛰어난 것도 하나님의 큰 부르심이다. 하나님이 주신 재능을 최대한 사용할 때 바로 그것이 하나님께 찬양을 드리는 것이다. 마르틴 루터는 "제화공은 가장 아름다운 한 켤레의 구두를 만들 때에 하나님께 가장 큰 찬양을 드리는 것이다"라고 말했다. 나 역시 이 말에 동의한다. 우리 아이들이 내가 준 선물을 몇 시간 동안이나 가지고 노는 것을 보면, 아이들이 내가 준 선물을 좋아하고 귀중히 여기고 있다는 것을 알게 되어 흐뭇해진다. 그런데 만약 아이들이 선물 자체보다 포장지의 색에 더 매혹된다면, 그것은 선물을 귀하게 여기지 않는다는 것을 보여주는 것이다.

하나님도 이와 비슷한 마음이 아닐까? 하나님은 모든 좋은 은사들을 주시는 분이다. 그리고 우리가 그 은사들을 알아 가고 발전시키는 데 귀중한 시간을 보내는 것이 정말로 하나님을 예배하는 것이다. 우리가 받은 은사에 대해 매우 감사하고 있다는 것을 하나님이 아시도록 해야 한다. 하나님 아버지가 주신 은사들을 우리가 당연히 여기고 있지 않다는 사실을 아시도록 해야 한다.

하나님이 예배에 헌신된 제사장들을 따로 세우셨을 때, 그들은 은사와 부르심을 심각하게 받아들였다. 역대하 34장 12절 하반절에 보면, "이 레위인들은 모두 악기를 잘 다루는 사람들이었다"(공동번역)

고 말씀한다.

　그 구절을 주목해서 보았는가? 그들 중 몇 명만이 악기를 잘 다루었다고 말씀하지 않으신다. 대다수가 그렇다고도 말씀하지 않으신다. 그들 '모두' 악기를 잘 다루었다고 말씀하신다. 하나님께로부터 받은 은사를 매우 소중한 것으로 여겼던 것이다.

　자, 이제 당신의 굳은살을 다시 보라. 이 원리는 키보드 연주자, 싱어, 드럼 연주자, 엔지니어, 멀티미디어 사역자, 그리고 다른 많은 사람들에게도 동일하게 적용된다. 당신이 가지고 있는 음악적 기술이 더 향상되도록 노력하고 있는가? 하나님께로부터 받은 은사들을 알아 가고 발전시키면서 하늘에 계신 아버지께 감사하는 마음을 보여드리고 있는가? 당신은 가장 아름다운 신발 한 켤레를 만드는 제화공과 같은 자세로 살아가는가?

　당신의 기술이 얼마나 훌륭하든, 항상 새롭게 배워야 할 것이 있는 법이다. 코드로 연주하는 법을 배워야 하는 키보드 연주자라면, 그것을 배우려고 노력함으로써 하나님께 찬양을 올리라. 박자를 더욱 정확하게 맞춰야 하는 드럼 연주자인가? 그렇다면 메트로놈을 켜놓고 연주하면서 왕께 예배하라. 혹시 아직 코드를 완벽하게 연주하는 법을 배워야 하는 기타 연주자인가? 그럼, 손가락이 아프도록 연습하면서 주님을 예배하라.

　하나님은 정말로 모든 좋은 은사를 주시는 분이다. 이제 그것을 어떻게 사용하는지 하나님께 보여 드림으로써 감사를 올려 드리자. 여든다섯 살이 되어서도 여전히 악기 연주법의 새로운 기술을 발견하고는 '유레카!'[2]라고 외칠 수 있기를 바란다.
우리 모두 하나님의 영광을 위해서 훌륭한 제화공이 되자!

---

2 역주 : 고대 희랍의 아르키메데스가 한 말로 '알았다'는 뜻이다. 왕관의 성분에 불순물이 섞였는 지를 확인하라는 명령을 받고 그 방법을 목욕탕 안에서 생각하다가 물체를 물 속에 넣으면 물체의 부피와 같은 부피만큼 물이 넘친다는 점에서 확인 방법을 깨닫고는 맨몸으로 목욕탕에서 나오면서 이 말을 외쳤다고 전해진다.

3
탁월함을
추구하는 예배자

실패를 뛰어넘으라 31

"사랑 안에 두려움이 없고 온전한 사랑이 두려움을 내쫓나니 두려움에는
형벌이 있음이라 두려워하는 자는 사랑 안에서 온전히 이루지 못하였느니라"
(요일 4:18).

스물한 살 때, 처음으로 오케스트라와 같이 녹음을 할 때였다. 오케스트라 연주를 위한 악보를 쓰는 일은 록 밴드 시절, 롤링 스토즈(전설적인 영국의 록 그룹 - 편집자 주)의 음악을 연주하면서 배운 음악 지식과는 확실히 다른 것이었다.

   오케스트라 단원들이 들어섰을 때 그 사실이 확실해졌다. 단원들은 스튜디오가 꽉 찰 정도로 들어와서는 자기 자리에 앉아서 각자 악기를 조율하며 내가 쓴 악보를 훑어보기 시작했다. 단원들이 연습 삼아 연주해보면서 내는 소리들이 나를 황홀하게 했다. 마치 천국에 있는 것 같았다. 그런데 얼마 지나자 잠시의 황홀함이 산산이 무너져 내렸다.

   이 훌륭한 연주자들은 더 이상 참지 못하고, 곧 비싼 마이크를 통해 웃음소리를 흘려보냈다. 영문을 몰라 어리둥절해 있는데 내가 악보 곳곳에 음표의 꼬리표를 반대 방향으로 붙였다는 사실을 지휘

자가 알려주었다. 그 때 이후로 나는 오케스트라와 협연할 때 손으로 악보를 그리지 않는다.

솔직히 말해, 그 날 나는 너무나 당황한 나머지 짐을 싸서 음악계를 떠날까 생각했다. 훌륭한 음악가들 앞에서 나의 무지가 드러났으니…. 그렇지만 나는 다음의 실화를 통해서 큰 용기를 얻었다.

정말로 지휘자가 되고 싶었던 한 사람이 있었다. 그래서 그는 마음과 영혼 모두를 이 일에 투자했다. 연주가 조용히 흘러갈 때는 낮게 웅크린 채로 오케스트라에게 신호를 보냈고 큰 소리로 연주해야 할 때는 열정에 차 몸을 공중으로 뛰면서 신호를 보냈다. 너무나 흥분하여 오케스트라에게 소리를 지를 정도였다.

그러나 이런 열정에도 불구하고 그에게는 기억의 은사가 없었다. 한 번은 어느 콘서트에서 그는 오케스트라에게 한 부분을 반복하지 말라고 가르쳤다는 사실을 잊었다. 오케스트라는 당연히 그 부분을 반복하지 않았다. 그러자 그는 매우 화를 내면서 반복하지 않았다고 소리를 질러댔다.

또 한 번은 자신의 피아노 콘체르토에서 피아노를 연주하면서 지휘를 하려고 했다. 그는 자신이 그렇게 할 수 있다고 생각했다. 연주회 중 그는 피아노 의자에서 뛰어내리다가 피아노 위에 있는 촛불을 쓰러뜨렸다. 또 다른 연주회에서는 합창단원 소년을 넘어뜨리기도 했다.

그는 청력이 빠르게 감퇴했다. 기억력이 좋지 않고 어수룩하게 행동할 뿐 아니라 성질을 잘 조절하지도 못했는데 이제 소리마저 잘 듣지 못하게 된 것이다. 이제 오케스트라는 청력이 나빠져 제때 지휘를 할 수 없는 그보다는 수석 바이올린 연주자로부터 신호를 확인했다.

연주자들이 제발 지휘를 그만두라고 계속해서 간청하고 나서야 그는 지휘를 포기하고 집으로 돌아갔다. 그의 이름은 루드비히 반 베토벤이다.

베토벤은 가장 훌륭한 작곡자 중 한 사람이지만 지휘자로서는 완전히 실패했다. 그렇지만 지휘자로서 실패했다는 사실이 베토벤이라는 한 사람을 실패자로 만들지는 않았다. 그는 실패의 두려움을 넘어서 새로운 도전으로 나아갔고 세계는 그의 도전으로 더 풍성해졌다.

우리의 마음속 깊은 곳에는 실패에 대한 두려움이 자리하고 있다. 실패에 대한 두려움 때문에 사람들은 중요한 순간에 멈춰 서고 만다. 두려움은 당신이 시작하려는 새로운 사역을 멈추게 할 수 있다. 이전의 실패 경험 때문에 당신은 뒤로 물러설지도 모른다. 귀로만 듣고 연주하기를 시도했는데, 손이 아니라 귀로 연주하는 것처럼 소리가 엉망이었을지도 모르겠다. 보컬에 도전했는데 사춘기의 변성기 때문에 소리가 요들송처럼 들렸을 수도 있고, 어떤 앨범을 만들면서 오케스트라를 위한 편곡을 했는데 그 악보 위에 음표를 거꾸로 그렸을 수도 있다.

당신은 어떠한가? 과거의 실패 경험이 새로운 것으로 나아가는 것을 막고 있는가? 하나님이 새롭게 지경을 넓히라고 말씀하시지만 실패 경험이 가져온 두려움 때문에 그냥 안전지대에 머물고 싶은가?

그렇기에 우리의 사역은 율법주의에 근거한 것이 아니라 하나님의 조건 없는 사랑에 근거한다는 사실이 무척 중요하다. 노력의 결과로 큰 박수를 받든지 상한 토마토 세례를 받든지 하나님이 우리를 보시는 것에는 변함이 없다. 우리를 향한 하나님의 사랑은 우리가 음표를 어떤 방향으로 그렸든 상관없다. 하나님은 절대로 우리를 실패자로 보지 않는다는 사실을 기억하면, 사역에서 새로운 것을 시도할 때에 자유로울 수 있다.

우리는 앞에서 하나님의 사랑에는 두려움이 없다는 것을 보았다. 하나님의 사랑은 우리가 날개를 펴고 앞에 다가올 실패의 가능성을 직면하는 자유를 우리에게 주신다.

창조자시며 삶에 힘을 주시는 분, 온 우주에서 가장 높은 권위로써 행성들이 그 궤도에 있을 수 있도록 지켜주시는 바로 그분이 우리를 온전히 사랑하신다는 사실을 알 때에, 믿음의 큰 걸음을 뗄 수 있을 정도로 자유해진다. 사람들의 눈에 드러나는 실패가 사실은 아무것도 두려워할 게 아니라는 사실을 알게 될 때, 하나님이 우리에게 원하시는 것이 무엇이든 그것을 향해 나아가고, 또 그렇게 될 만큼 자유하다.

실패에 대한 두려움 때문에 얼마나 많은 노래나 시나 아름다운 목소리들이 무덤 속으로 가버렸는지…. 하나님의 자녀로서 당신은 사역에 새로운 권위를 허락받았다. 하나님은 자녀들이 그 권위 안에 들어가서 은혜의 선물을 받아 나오기를 바라신다. 아직도 당신을 붙잡고 있는 실패의 경험들이 있는가? 하나님 안에는 언제나 새로운 시작이 있다.

하나님의 은혜 안에서 살아가라. 안전한 곳에서 나와라. 하나님의 완전한 사랑이 실패의 두려움을 쫓아낸다는 사실을 기억하고 날개를 활짝 펴라. 알토가 부르기 힘들어서 어려운 적이 있는가? 소리가 좋지 않은 기타로 고생한 적이 있는가? 지금 시작하라. 나는 지금도 그 때 내가 쓴 악보를 간직하고 있다. 하지만 지금 그것을 볼 때는 부끄러움이 아니라 하나님의 은혜 안에서 내가 도전한 것을 본다. 우리는 매일 불완전한 악보를 쓰라고 도전을 받는다. 하나님은 당신의 부족함을 쓰신다. 지금 시작하라!

3

탁월함을
추구하는 예배자

사역자로서의 정체성을 가지라 32

"하나님께서 부리시는 악령이 사울에게 이를 때에 다윗이 수금을 들고 와서
손으로 탄즉 사울이 상쾌하여 낫고 악령이 그에게서 떠나더라"
(삼상 16:23).

다윗의 삶을 보면 하나님의 임재 앞에 머무는 사람들의 능력이 어떤 것인지 볼 수 있다. 악신에게 사로잡힌 왕에게 이런 능력을 행한다는 것은 사실 믿기 어렵다.

그런데 그 일이 바로 다윗이 비파를 연주하면서 예배할 때에 일어났다. 그는 주님께로부터 온 능력을 보인 것이다. 그 결과는 놀라운 것이다.

사무엘상 16장 20절부터 23절은 목동이면서 주님께 찬양을 드리는 것을 좋아한 다윗의 이야기를 들려준다. 사울 왕은 다윗의 아버지인 이새에게 다윗을 궁중에 보내 자신을 섬기게 해달라고 전갈을 보냈다. 다윗은 비파를 손에 들고 왕궁에서 연주하였고 다윗이 연주할 때에 악신은 떠나갔다.

다윗을 통해 일하신 하나님의 능력은 매우 강력했다. 그가 연주한 음악에도 힘이 있지만 더욱 중요한 것은 주님께서 그와 함께하

셨다는 것이다. 다윗은 악신을 떠나게 하는 유용한 하나님의 도구이자 하나님의 능력을 가진 사람이었다.

마찬가지로, 하나님은 다른 이들을 하나님의 거룩한 임재 안으로 인도하는 사람으로 당신과 나를 부르셨다.

성경은 " 너희 몸은 너희가 하나님께로부터 받은 바 너희 가운데 계신 성령의 전인 줄을 알지 못하느냐 너희는 너희 자신의 것이 아니라 값으로 산 것이 되었으니 그런즉 너희 몸으로 하나님께 영광을 돌리라"(고전 6:19~20)고 말씀한다.

자신을 하나님이 임재하시는 성전으로 생각해본 적이 있는가? 만약 아니라면 당신의 초점을 다시 맞출 때다. 우리는 믿는 자로서 하나님이 부르신 자들이다. 바로 이 사실 때문에 우리는 문자 그대로 그릇이 된다. 실제로 우리는 하나님의 임재를 전달하는 배달부다.

이것이 바로 예배 사역에 임하는 나의 세계관이며 마음의 태도다. 나는 이렇게 기도한다. '하나님 오셔서 우리를 만나주소서. 예배 가운데 성령의 능력으로 임하셔서 치유와 회복과 새로움을 당신의 백성들 가운데 허락하소서. 지금 사람들의 마음과 생각을 바꾸시는 당신의 임재 능력을 보이소서. 우리가 할 수 없는 것들을 주님의 임재로 우리 안에 행하소서.'

배달부의 정의는 '물건이나 사람들을 나르는 일에 고용된 사람. 나르는 것을 업으로 삼는 사람'이다. 바로 이 이유 때문에 초대 교회에 속했던 사람들은 그리스도인이라고 불렸다. 문자적으로 그리스도인이란 '작은 그리스도'라는 뜻이다. 그들은 '작은 기름부음을 받은 자들'(little anointed ones)이라고 불렸다. 예수님 안에 계신 바로 그 영을 전달하는 사람들인 것이다. 무엇으로 기름부음을 받았는가? 무엇을 나르는 사람들이었는가? 당연히 하나님의 거룩한 임재를 나르는 사람들이다.

화학에서 '담체'[3]는 한 원소나 기(基)가 다른 것으로 변화하도록 만드는 촉매를 말하는 것이다. 우리는 성경의 인물들처럼 하나님의 임재를 우리 세대의 사람들에게 전하고, 어디를 가든지 사람들을 돕고 치유하는 자들이 될 수 있다.

본질적으로 우리는 하나님의 임재 안에서 다른 사람들이 변화될 수 있도록 돕는 하나님의 촉매제다.

조금 다른 측면에서 바라보자. 우리는 하나님의 임재를 배달하는 사람들일 뿐 아니라 또한 임재 안으로 안내하는 사람들이다. 안내자라는 단어는 '중요한 편지나 메시지를 전하기 위해서 서두르는 전령. 여행자들과 동행하면서 숙소나 짐들을 돌보는 사람'이라는 뜻을 지닌다.

몇 년 전 루이지애나 주에서 열린 목회자 컨퍼런스에서 메시지를 전하기로 한 날 아침이었다. 잠에서 깨어나 그곳이 어디인지, 그날에 무슨 일을 해야 하는지 인식하게 되자 그 때 처음 떠오른 생각은 '나는 도대체 누구인가? 과연 목사님들에게 예배하는 마음으로 사역하라고 가르칠 만한 사람인가?'였다.

■
3 역주 : 이글에서 나오는 '배달부'와 이 화학 용어는 같은 carrier라는 단어를 번역한 것이다.

바로 그 때 주님이 내 마음에 조용하고도 작은 목소리로 말씀하시는 것을 느낄 수 있었다. '네가 누구냐고? 너는 내 몸의 일부지. 나의 도구며 나를 위해서 사람들의 삶을 변화시키는 메시지를 전달하는 심부름꾼이지.' 그 날 나는 상당히 큰 충격을 받았다. 어떤 곳을 가게 되던 그것이 우연이 아니라는 사실이 명확해졌다. 오히려 우리는 다른 이들을 하나님의 임재 가운데로 안내하는 사람들이며, 하나님의 메시지를 배달하는 사람이고, 그분의 목적을 이루기 위해서 부름 받은 사람들이다.

다윗이 비파를 연주하면서 고통스러워하는 사울 왕에게 안식을 주었던 것처럼 하나님의 임재를 전하며 안내하는 사람들로서 우리는 어디를 가든지 사람들의 삶을 회복시킬 수 있다. 특별히 우리의 음악과 예배를 통해서 그렇게 할 수 있다.

그러므로 영광의 소망이 되시며(골 1:27), 우리 안에 계시는 그리스도의 능력을 바로 알아야 한다. 사역을 하는 동안, 우리는 하나님의 임재를 전달하며 인도하는 사람이라는 사실을 잊지 말자.

3
탁월함을
추구하는 예배자

하나님을 위해 탁월함을 추구하라 33

"무슨 일을 하든지 마음을 다하여 주께 하듯 하고 사람에게 하듯 하지 말라"
(골 3:23).

얼마 전에 세인트루이스 동물원에서 열린 멋진 전시회에 가볼 기회가 있었다. 거기에서 나는 전 세계에서 온 수많은 이국적인 동물들을 볼 수 있었다. 그런데 불행하게도 그 전시회는 진화론과 관계되어 있었다.

전시장을 둘러볼 때 두 가지 감정이 교차했다. 하나는 학식 있는 과학자들이 이 모든 것들이 단지 우연에서 비롯되었다고 믿고 있는 것이 불쌍했고 또 하나는 이 모든 것들을 만드신 창조의 하나님에 대한 엄청난 경외감이었다.

하나님의 창조력은 무한하다. 동물들은 매우 훌륭하고도 다양했다. 그래서 그것들이 하나님에 의해 창조되었다고 믿는 것보다 우연히 만들어졌다고 믿는 쪽이 훨씬 더 큰 믿음이 필요했다.

하나님은 우리가 살고 있는 이 땅에서 어떤 것도 감추지 않으신다. 왜 20세기가 되어서야 사람들이 발견할 수 있었던 그 깊은 바다 속의 피조물들을 만드셨을까? 왜 그렇게 다양한 종류들이 있을까? 몇 십 개의 종이면 충분하지 않았을까? 하나님은 피조물을 그냥 그렇게 만드신 것이 아니라 최선의 것으로 창조하신 것이다. 이러한 태도는 예수님에게서도 나타난다. 사람들이 예수님의 치유 사역을 보았을 때 그들은 "그가 다 잘하였도다"(막 7:37)라고 반응했다.

교회 안에 있는 우리들은 탁월함이 무엇인지를 더 많이 이해해야 한다. 나는 종종 지역 교회의 예배 팀원들을 만날 기회가 있다. 그런데 '이 정도면 충분해요'라는 냉담한 태도로 사역하는 사람들이 생각 이상으로 많았다. 이런 태도는 하나님의 관점과는 완전히 다르다.

잠언 18장 9절은 "자기의 일을 게을리 하는 자는 패가하는 자의 형제니라"고 말씀하신다. 하나님의 관점에서 최선을 다하지 않는 사람은 파괴자와 비슷하다. 하나님은 미지근한 노력이 아니라 탁월함에 관심을 두신다.

2세기에 기독교 변론가였던 유스틴 순교자는 갈릴리의 언덕에서 자라났다. 재미있게도 그는 그 때에도 예수님과 요셉이 만들었던 쟁기들을 사용하고 있었다고 한다. 예수님이 만드신 쟁기를 생각해 보는 것은 참 흥미로운 일이다. 그리고 어떻게 그분이 만드신 쟁기와 멍에가 여전히 남아있고 사용되는지를 생각해보는 것도 흥미롭다.[4]

나무로 된 쟁기가 100년이 넘도록 쓰인다니…. 요셉과 예수님이 만든 것은 단지 '훌륭한' 장인의 작품 정도가 아니라 매우 훌륭

4　오스 기니스, 『소명』(IVP 역간)

하였으리라. 오랫동안 쓴 물건들은 여기저기 긁히고 고장 나 제대로 쓸 수 없게 마련이다. 한 30년 동안만 쟁기를 쓸 수 있어도, 쓰는 사람의 입장에서는 매우 만족스럽다. 50년이 넘도록 사용했다면 사후관리를 해달라고 말할 수조차 없을 것이다. 그런데 왜 요셉과 예수님은 쟁기를 그토록 튼튼하게 만드셨을까? 골로새서 3장 23절이 말씀하시듯 "무슨 일을 하든지 마음을 다하여 주께 하듯 하고 사람에게 하듯 하지" 않았기 때문일 것이다.

교수이자 작가인 오스 기니스는 그의 책 『소명』에서 '우리는 어떤 일의 중요성, 즉 일 자체의 중요성 때문에 일을 하는 것이 아니라 그것이 수단이기 때문에 일을 한다. 즉, 자신을 표현하고, 자아를 성취하고, 돈을 벌고, 유명해지기 위해서 일을 한다'고 말한다.

불행하게도 그의 말이 맞다. 우리는 하나님에게서 온 동기보다는 내 자신에게서 나오는 동기로 움직인다.

우리는 일반적으로 '이 일을 함으로써 내게 이익이 얼마나 되지?' 하고 생각한다. 그러나 우리는 '이것을 하는 것이 왜 옳지?', '이 일이 어떻게 하나님께 영광을 돌릴 수 있을까?' 하는 태도를 가져야 한다.

우리가 정말로 주님을 따르기를 원한다면 맡고 있는 모든 일에서 탁월함을 추구하는 것 외에 다른 방법이 없다. 탁월함은 우리가 섬기는 하나님의 본성의 일부이므로 교회 내에서 평범함을 없애야 한다. 이런 태도를 이해하고 그대로 살아간다면, 그렇게 살아갈 수 있도록 하나님이 축복을 부어주시는 것을 보게 될 것이다.

다른 사람이 어떻게 생각하든지, 어떤 노력을 들이든지 나는 나의 창조자가 그러하셨듯이 그분의 탁월함을 추구하겠다는 태도를 가지라. 모든 일에서 탁월함을 추구하려 할 때, 하나님이 높임을 받으실 것이고 우리의 노력을 인정해 주실 것이다.

음악적인 기술을 더 갈고닦으라. 과거에 이룬 성취에 만족하여 안주하지 말고, 긍정적이든 부정적이든 다른 사람과 자신을 비교하지도 마라. 그저 할 수 있는 대로 최선을 다함으로써 하나님을 높이라. 탁월함에 이르라.

---

* 탐 크라우터의 『평범함을 넘어서 살아가기(Living beyond the ordinary)』(Lynnwood, Wash. : Emerald Books, 2000)에서 인용

3

탁월함을
추구하는 예배자

자신을 계발하기 위해 노력하라 34

"하나님의 은사를 다시 불일듯 하게 하기 위하여"
(딤후 1:6).

하나님은 우리 각자에게 그분의 영광을 위해서 사용할 어떤 은사들을 주셨다. "각 사람에게 성령을 나타내심은 유익하게 하려 하심이라 어떤 사람에게는 성령으로 말미암아 지혜의 말씀을, 어떤 사람에게는 같은 성령을 따라 지식의 말씀을, 다른 사람에게는 같은 성령으로 믿음을, 어떤 사람에게는 한 성령으로 병 고치는 은사를, 어떤 사람에게는 능력 행함을, 어떤 사람에게는 예언함을, 어떤 사람에게는 영들 분별함을, 다른 사람에게는 각종 방언 말함을, 어떤 사람에게는 방언들 통역함을 주시나니 이 모든 일은 같은 한 성령이 행하사 그의 뜻대로 각 사람에게 나누어 주시는 것이니라"(고전 12:7~11).

우리 각자가 최소한 하나씩 은사를 받았다는 사실에는 의심할 여지가 없다. 그렇지만 그 은사를 키워나가는 과정에서 마찰이 발생한다. 우리는 그 은사들을 가장 잘 발휘할 수 있게 하나님이 주권적으로 성장시켜 주시기만을 가만히 앉아서 기다린다. 하나님이 주신 은사들을 사용하려 하지 않는다는 말이다. 그런 일들이 자연스럽게 일어나기만을 바라지만 그것은 하나님의 방법이 아니다.

바울은 믿음으로 낳은 아들 디모데에게 편지를 쓰면서 "내가 나의 안수함으로 네 속에 있는 하나님의 은사를 다시 불일듯 하게 하기 위하여 너로 생각하게 하노니"(딤후 1:6)라고 말했다. 다른 번역에서는 "분발시켜", "새롭게 타올라"라고 번역했다. '분발시켜', '새롭게 타올라' 등은 어떤 행동을 요구한다. 어떤 반응이 필요한 것이다. 디모데에게 이미 은사가 있지 않았던가? 그것들은 주님께로부터 온 것이 아니었나? 그렇다면 왜 바울은 디모데에게 어떤 행동을 하라고 하는가? 그 이유는, 노력해야 은사가 자라도록 하나님이 계획하셨기 때문이다.

바울은 또한 고린도전서 14장 12절에서 여러 은사들에 대해 언급하면서 "너희도 영적인 것을 사모하는 자인즉 교회의 덕을 세우기를 위하여 그것이 풍성하기(영어 성경에서는 excel이란 단어를 쓰고 있어 이 경우에는 '뛰어나다'란 의미로 이해하는 것이 좋음 - 편집자 주)를 구하라"고 권면한다. 어떻게든 하나님의 은사들을 발전시키려고 시도하지 않는다면 어떻게 그것들이 풍성해지기를 기대할 수 있겠는가?

주님은 우리에게 은사를 주시고 우리가 그것들을 가능한 최선으로 사용하는 법을 배우기를 원하신다. 분명히 주님은 우리를 이끄시고 인도하시겠지만, 우리는 그 은사들을 탁월하게 가꾸어야 한다. 하나님이 완전히 무르익은 은사를 어떤 사람에게 그냥 주시는 경우는 성경에서 찾아보기 어렵다.

하나님이 주신 은사들을 계발해 나갈 때 기도를 소홀히 해서는 안 된다. 신실한 기도는 우리가 할 수 있는 다른 어떤 것보다도 능력이 있다. 물론, 주님이 기도만을 요구하시는 것은 아니다. 우리에게 주신 은사들을 성실하게 연마해야 우리의 삶이 끝났을 때 "잘하였도다 착하고 충성된 종아"(마 25:21, 23)라는 주님의 음성을 들을 수 있을 것이다.

예배 인도자들 또한 각자에게 주신 은사들을 연구하고 사용해야 한다. 음악적인 재능이 있는가? 그렇다면 그것을 더 계발하고 배우기 위해 노력하는가? 악기를 가지고 정기적으로 연습하는가? 숙련의 정도에 따라, 대학이나 개인 교사나 통신 교육을 통해서 더 배울 것을 고려해 보아야 한다. 어쩌면 음악 이론이나 악기 연주법을 더 익혀야 할지도 모른다. 만약 충분히 경험을 쌓았고 전문가의 수준으로 은사를 계발했다면, 이제는 다른 사람들을 가르치는 것을 고려해야 할 수도 있다. 다른 사람에게 가르치다 보면 오히려 무엇인가를 배우게 마련이니까.

작사·작곡가가 되기 원하는가? 그렇다면 작곡 수업을 들어보려 했는가? 그 다음에는 시나 문법에 대해 배워야 할 것이다. 그 분야에서 활동하는 사람들에 대해 알아보는 것도 도움이 될 것이다. 요즘 유명한 찬양을 작곡한 사람들에게 편지를 보내 조언을 구하는 것도 시도할 만하다.

하나님이 다른 사람들과 효과적으로 의사소통할 수 있는 능력을 주셨는가? 그렇다면 세미나에서 다른 사람들을 가르치면서 그 은사를 키우는 것도 좋은 방법일 것이다.

은사가 무엇이든 성장의 여지는 남아있으므로 더욱 열심히 연마해야 한다.

여러 다양한 은사를 나열하고, 그것들을 불일 듯 타오르게 하라고 말한 사도 바울은 자신 또한 안주하려 하지 않았다. 그는 편지에서 '목표를 향해서 달려감', '앞에 있는 것들을 추구함', '앞에 있는 상을 얻기 위해서 달려감' 등의 표현을 자주 사용했다. 가만히 앉아서 하나님이 은사와 능력들을 더욱 크게 키워주시기만을 기다리지 않았던 것이다. 그는 계속해서 노력했고 열심히 배웠다. 가능한 한 최고가 될 수 있도록 노력했다.

하나님은 우리에게 이미 은사를 주셨다. 그것을 얼마나 성장시킬 수 있는지는 이제 우리에게 달렸다.

---

* 탐 크라우터의 『하나님의 손에 훈련된 예배 인도자』(예수전도단 역간)에서 인용(재번역)

3
탁월함을
추구하는 예배자

자신에게 맞는 예배를 훈련하라 35

"우리에게 주신 은혜대로 받은 은사가 각각 다르니"
(롬 12:6).

우리 대부분은 다윗이 주님 앞에서 전심으로 춤추었다는 사실을 알고 있으면서도 열정적으로 하나님을 찬양하는 사람을 보면 '난 저렇게 못 해'라고 생각한다. 신실한 그리스도인들 중에 찬양예배 시간에 감정을 드러내놓고 열정적으로 찬양하지 못하는 것에 죄책감을 느끼는 이들이 많이 있다. 하나님은 정말 우리 모두가 같은 방법으로 예배하기를 원하실까? 그분은 우리에게 그렇게 명령하시는 분인가?

물론 그렇지 않다. 성경은 예배하는 방법들을 다양하게 보여준다. 전심으로 춤추었던 다윗으로부터 "침상 머리에서 하나님께 경배"했던 나이든 야곱까지(창 47:31), 그리고 이 둘 사이의 다양한 예배 모습들을 우리는 성경에서 찾아볼 수 있다.

마찬가지로, 우리 중에는 전심으로 춤을 추는 사람도 있을 테고, 어떤 사람은 침상에서 조용히 예배하는 것을 더 좋아할 수도 있다. 그렇다면 '내 식대로 예배해도 괜찮은가?'라고 묻고 싶을 것이다.

내 생각에는, '네', '아니오' 모두 대답이 될 수 있을 것 같다.

1. 괜찮다

사람들은 각각 서로 다른 개성을 지닌다. 누가 이렇게 만들었는가? 하나님이 하셨다. 그렇기 때문에 의심할 여지없이 하나님은 우리 각각의 고유한 개성을 좋아하신다. 그것이 하나님께로부터 온 선물이기 때문이다. 바울이 설명하듯이 "우리에게 주신 은혜대로 받은 은사가 각각" 다르다. 주님은 부끄러움을 많이 타는 사람도, 적극적인 사람도, 감정적인 사람도, 분석적인 사람도 사랑하신다. 하나님은 내향적인 사람도, 외향적인 사람도, 그리고 그 중간의 성품을 가진 사람도 사랑하신다.

게다가 하나님은 사람들이 가진 개성에 따라서 다양한 방식으로 예배 받으시길 원하신다. 화려하게 춤을 추는 사람부터 침상에서 경배하는 사람까지 모두를 원하시는 것이다. 성경에서 춤추고 뛰는 것부터 시작해서(시 149:3) 주님 앞에 단지 무릎 꿇는 것까지(시 95:6) 다양한 방법으로 예배하는 모습을 보여주는 이유가 바로 거기에 있다. 이렇게 다양한 방법으로 예배를 드리는 것을 계발해야 하며 어떤 특정한 방식을 예배를 드리거나 드리지 않는 것에 대해서 죄책감을 가져서는 안 된다. 물론 각자의 '스타일'로 예배를 드려도 괜찮다. 중요한 것은 예배를 드린다는 사실이지 어떤 특정한 방식이 아니다.

2. 괜찮지 않다

우리의 개성이 하나님을 예배하지 않는 변명이 되어서는 안 된다. 본성적으로 뒤로 빼고, 사람들에게서 떨어져 있기를 좋아하고, 심지어 외고집이라 하더라도 하나님은 우리 모두에게 예배하라고 명하셨다는 것을 기억해야만 한다. 아무도 변명할 수 없다.

우리가 하나님을 찬양하는 데 어려움을 겪는다면, 하나님이 우리의 어려움을 아신다는 사실에서 위로받을 수 있을 것이다. 하나님은 이것이 우리에게 큰 도전이 된다는 사실을 알고 계시기 때문에 우리가 노력하는 모습을 훨씬 더 기뻐하신다.

하나님은 우리 중 어떤 사람이 다른 사람보다 훨씬 쉽게 예배한다는 사실을 아시지만, 우리 모두에게 창조자를 예배하는 시간이 필요하다는 사실 또한 알고 계신다.

물론 대부분의 경우에는 어디까지가 성격의 문제고 어디서부터가 죄인지 명확하지 않다. 예를 들자면, 내성적인 성격은 죄가 아니지만 그렇다고 어려움에 처한 이웃을 돕지 않거나 불친절하게 대한다면 그것은 죄다. 사람들과 사교적이고 즐겁게 보내는 것은 좋지만 많은 성경 구절에서 '혀를 제어할 것'을 명령하고 계신다는 사실도 기억해야만 하는 것이다. 하나님은 분명히 '부드럽고 조용한 영혼'을 칭찬하시지만, 그렇다고 우리가 그리스도를 증거하지 않는 변

---

5 역주 : 헬라어 thysia는 '희생제물', '제사', '희생'으로 번역된다. 영어 성경(NIV)에서는 'sacrifice'란 단어를 쓰며, 본서에서는 '제사'로 번역했다.

명으로 이 구절을 사용하려 한다면 하나님은 결코 칭찬하지 않으실 것이다.

우리는 자신의 본성적인 개성이 어떤 것인지 알고, 그것에 따라 하나님을 예배하는 특별한 방법을 찾아야 한다. 그렇지만 예배하지 않고 감사하지 않는 것에 대한 변명으로 개성을 이용해서는 절대로 안 된다.

어쩌면 히브리서의 저자가 "그러므로 우리는 예수로 말미암아 항상 찬송의 제사를 하나님께 드리자 이는 그 이름을 증언하는 입술의 열매니라"(히 13:15)라는 구절에서 제사[5]라는 말을 사용한 이유가 여기에 있는지도 모르겠다. 하나님을 예배하고 찬양하는 것이 우리 대부분에게는 큰 희생을 요구하는 것일 수 있기 때문이다.

하나님을 찬양하는 것이 어렵고 부자연스러울지라도, 그렇게 하도록 계속 훈련하라. 하나님은 분명히 은혜를 베푸실 것이고 하나님을 예배하면 할수록 예배하는 것이 더욱 자연스러워질 것이다. 피아노를 치고 자동차를 운전하는 등, 우리가 살아갈 때 배우는 다른 것들처럼 예배도 연습을 통해서 더 잘할 수 있게 된다.

---

* 패트릭 케버노프의 『우리의 삶은 하나님께 드리는 예배입니다』(브니엘 역간)에서 인용(재번역)

3
탁월함을
추구하는 예배자

예배에 맞는 악기를 사용하라 36

"할렐루야 그의 성소에서 하나님을 찬양하며… 나팔 소리로 찬양하며
비파와 수금으로 찬양할지어다 소고 치며 춤 추어 찬양하며
현악과 통소로 찬양할지어다 큰 소리 나는 제금으로 찬양하며
높은 소리 나는 제금으로 찬양할지어다"
(시 150:1, 3~5).

내 아버지는 매우 재능이 많은 분이셨다. 자동차 수리, 목공, 전기, 용접 등에 기술이 뛰어났다. 이런 일들을 수 년 동안 해왔기 때문에 아버지는 여러 종류의 다양한 공구들을 가지고 계셨다. 내가 가지고 있는 공구보다도 더 많은 공구 상자를 가지고 계실 정도였다. (안타깝게도 나는 아버지의 이런 기술들을 물려받지는 못했지만, 그래도 많이 배웠다.) 어떤 일이든지 아버지는 그 일에 맞는 도구를 가지고 있었고 나는 그것이 무척 놀라웠다. 어떤 일이 주어지더라도 아버지는 구석에 처박힌 잘 사용하지 않는 박스 안에 들어있는 작은 공구 상자를 열어 그 일에 필요한, 딱 맞는 공구를 찾아냈다. 적합하지 않은 공구를 사용해서 일하는 경우는 거의 없었다.

예배 사역을 섬기는 사람들 또한 음악에 대해서 이런 개념을 이해해야 한다. 우리는 목적을 위해서 적절한 공구, 즉 적합한 악기를 사용해야 하는 것이다. 내 아버지가 렌치가 필요한 상황에서 드

라이버를 사용하신 적이 없듯이, 전기톱이 필요한데 호주머니 칼을 사용하신 적이 없듯이, 언제나 우리는 적합한 악기를 사용해야 하는 것이다.

몇 년 전, 유수한 교향악단의 공연 현장에 가볼 기회가 있었다. 그 날 밤에 나는 인간이 느끼는 모든 감정이 악기로 묘사되는 모습을 보았다. 청중들은 평온함에서 격렬한 긴장까지 다양한 맛을 느끼고 있었다. 우리는 깊은 슬픔과, 큰 기쁨과, 흥분과, 그 외에도 많은 감정들을 경험할 수 있었다. 이것은 모두 적합한 악기들을 통해서 표현되었다. 재미있는 것은, 만약 콘서트 내내 모든 악기가 다함께 연주되었다면 각각의 감정을 나타내기란 불가능했을 거라는 사실이다. 대신에 여러 가지 악기들은 각자 전체 음악이 전달하고자 하는 것을 잘 표현할 수 있는 분위기와 느낌을 만들어내기 위해 소리를 작게 하거나 아예 연주를 하지 않는 등 서로 도왔다.

교회에서 사역할 때도 이런 점을 배워야 한다. 악기를 사용할 때 좀 더 민감해야 한다는 말이다. 인위적으로 나아가려 하지 말고, 어떻게 하면 악기를 적절하게 사용해서 예배 중에 하나님을 더 강하게 경험할 수 있을지에 더욱 민감해지라. 나의 절친한 한 친구는 다음과 같은 점을 지적했다. "대부분 교회의 경배와 찬양* 음악은 함

■
* 일러두기 : 찬양을 주체별로 분류할 때는 '찬양'(praise)과 '경배'(worship)로 나눌 수 있다.
찬양의 주체는 사람이며, 하나님이 우리에게 행하신 일들을 찬송하는 내용을 담고 있다. '나 무엇과도 주님을 바꾸지 않으리'가 여기에 해당된다. 경배의 주체는 전적으로 하나님이며 대표곡으로는 '주 여호와는 광대하시도다'를 들 수 있다. 경배곡은 부르면 부를수록 하나님만을 바라보게 되고 그분만을 높이게 된다.
자세한 설명은 『예배는 콘서트가 아닙니다』(예수전도단)에 나와 있다.

께 섞인다. 둘 사이의 구분이 명확하지 않다. 만약 모든 음악이 비슷한 느낌을 준다면 우리는 성령의 다양한 감정을 정확하게 표현하는 것이 아니다. 다양함이 있어야 한다."

그것을 위해서 우리가 사용하는 악기들을 공구처럼 잘 활용하는 법을 배워야만 한다. 나의 아버지가 어떤 특별한 도구를 그에 맞는 상황에서 사용하셨듯이 우리가 예배하는 가운데 표현하려는 것을 어떤 악기가 가장 효과적으로 전달할 수 있는지 조심스럽게 선택해야 한다. 느린 찬양 속에서 주님과의 친밀한 교제를 누리는 시간에 일렉 기타가 솔로로 크게 연주하거나, 심벌즈가 시끄러운 소리를 낸다면 어울리지 않을 것이다. 그런 악기들은 환희가 넘치는 축제의 찬양을 부를 때에 적합한 것이다. 이런 것들은 좀 극단적인 예지만 어쨌든 우리는 우리의 예배에서 미묘한 특색들을 배워야 한다. 모든 악기들을 최대한 다 사용해야 하지만, 그것을 남용해서는 안 된다.

시편 150편은 다양한 악기가 사용되는 모습을 보여준다. 나는 여기 나오는 악기들이 그들이 사용할 수 있었던 악기들 중 몇 가지에 지나지 않는다고 생각한다. 아마 그들의 음악을 더욱 다양하게 만들어주는 훨씬 더 많은 종류의 악기들을 사용하고 있었을 것이다.

작은 교회에서 섬기는 분들은 그렇게 하는 것이 불가능하다고들 한다. "우리에게는 음이 안 맞는 피아노와 두 주에 한 번 정도 연주하는 기타리스트밖에 없는걸요."

나는 그런 질문을 들을 때마다 이렇게 대답한다. "괜찮습니다. 피아노만 사용하거나 기타만 사용하여 곡을 연주하는 게 더 알맞은 찬양도 있잖아요. 또 다른 찬양을 부를 때에는 둘 다 사용하세요. 아카펠라로 부를 수 있는 찬양도 있구요. 교회에 악기가 몇 가지밖에 없다 해도 그것들을 다양하게 이용해서 예배를 더 힘 있게 만들 수 있습니다."

하나님이 더 능력 있게 역사하기를 원한다면, 우리는 음악에 있어서 더 민감하고 창조적이어야 한다. 만약에 음악을 단순히 섞어 놓기만 한다면 하나님이 우리와 우리의 사역을 통해서 이루시기 원하는 목적의 일부를 놓쳐버릴지도 모른다. 상황에 맞는 공구들을 사용한 나의 아버지처럼, 우리도 예배의 상황에 맞는 악기 사용법을 배워야 한다.

---

* 탐 크라우터의 『하나님의 손에 훈련된 예배 인도자』(예수전도단 역간)에서 인용-(재번역)

4

하나 됨을 지키는 예배자

4

하나 됨을
지키는 예배자

시너지를 이해하라 37

"눈이 손더러 내가 너를 쓸 데가 없다 하거나 또한
머리가 발더러 내가 너를 쓸 데가 없다 하지 못하리라"
(고전 12:21).

나는 예배 세미나에서 강의할 때에 종종 비디오 프로젝션을 사용한다. 먼저는 사람들에게 전체 강의 내용을 보여주고 그래픽을 이용해서 사람들의 관심을 사로잡는다.

강의를 시작하면서 가장 처음 보여주는 것은 음악가들의 대학 시절 모습이다. 커다란 멕시코 전통 모자를 쓰고 봉고를 두드리는 이들에서부터 턱시도를 차려입고 색소폰을 연주하는 이들까지 다양한 사람들이 있다. 청바지와 티셔츠 차림에 몸을 앞으로 숙이고는 요란한 소리를 내는 전자기타 연주자의 사진 다음에 피아노를 연주하는 깔끔한 차림새의 중년 여인의 사진이 나온다. 그 뒤로도 여러 사진들이 등장한다. 내가 하고 싶은 말은 이런 음악가들이 모여 있는 모습을 보면 일반 교회들의 예배 사역이 연상된다는 것이다. 이 사람들은 모두 다른 배경을 갖고 있고 종종 음악적으로도 매우 다른 취향을 가지고 있다.

지난 몇 년 동안 나는 많은 교회의 예배 사역이 사무엘상 22장 말씀에 나오는 예와 비슷하다고 말해왔다. "환난 당한 모든 자와 빚진 모든 자와 마음이 원통한 자가 다 그(다윗)에게로 모였고 그는 그들의 우두머리가 되었는데"(삼상 22:2). 교회의 음악 사역에는 일반적으로 다양한 종류의 사람들이 섞여 있기 마련이다. 이런 다른 종류의 사람들을 하나로 뭉치게 하는 것은 쉬운 일이 아니다.

성경은 이렇게 말씀한다. "눈이 손더러 내가 너를 쓸 데가 없다 하거나 또한 머리가 발더러 내가 너를 쓸 데가 없다 하지 못하리라 그뿐 아니라 더 약하게 보이는 몸의 지체가 도리어 요긴하고 우리가 몸의 덜 귀히 여기는 그것들을 더욱 귀한 것들로 입혀 주며 … 너희는 그리스도의 몸이요 지체의 각 부분이라"(고전 12:21~23, 27).

배경과 스타일과 취향과 생각하는 것이 완전히 다를지 모르지만 우리는 여전히 서로 필요하다. 혼자서는 도저히 해낼 수 없지만 같이 하면 이루어낼 수 있다.

윌로우 크릭 교회의 음악 목사인 로리 놀랜드는 그의 훌륭한 책『예술가의 마음』에서 이렇게 말한다.

'내가 윌로우 크릭에서 가장 먼저 배운 것은, 팀으로 사역할 때에 가장 잘 이루어낼 수 있다는 것이다. 팀이 되어서 일하는 것이 아름다운 이유는 혼자서 하는 것보다 하나님을 위해서 훨씬 더 훌륭한 것을 성취할 수 있다는 것이다. 윌로우 크릭 교회에서 하는 말이 있다. 우리 중에 누구도 혼자서는 할 수 없는 것을 같이 하기 위해 우리는 모였다. 우리 모두가 한 목적을 향해서 같은 방향으로 열심히 일하고 노력할 때에 개인이 투자한 것들보다 훨씬 많은 것을 거둘 수 있을 것이다. 우리가 팀으로서 더 잘 해낼 수 있는 것을 혼자서 하려고 노력한다면 그 결과에는 한계가 있을 수밖에 없다."[1]

예배 사역에 참여하고 있는 우리들은 미국이라는 하나의 나라가 보여주는 '시너지'가 무엇인지 바로 이해해야 한다. 시너지에 대한 사전적인 정의는 '동시에 여러 다른 요소들이 행동함으로써 개인적인 노력의 총합보다 더 큰 효과를 거두는 것'이다.

전체가 부분들의 합보다 커진다는 것은 수학적인 계산으로는 불가능한 것이다.

기러기 떼가 'V'자 형태를 지어서 날아가는 것을 본 적이 있을 것이다. 앞에 있는 기러기들은 바람을 막아주면서 뒤의 기러기를 도와준다. 그렇게 무리지어 날아감으로써 혼자 날아갈 때보다 더 적은 힘으로 더 멀리 날아갈 수 있는 것이다. 이것이 바로 '시너지'다.

얼마 전에 나는 시너지에 대한 환상적인 예를 보았다. 평균적으로 농장의 말은 6톤 정도를 끌 수 있다. 그렇다면 말 두 필을 함께 묶어서 끈다면 얼마를 끌 수 있을까? 12톤? 아니다. 말 두 필은 23톤을 끌 수 있다! 이것이 시너지다!

성경은 이것이 사실이라고 말씀한다. "너희 다섯이 백을 쫓고 너희 백이 만을 쫓으리니"(레 26:8). 수학적으로는 다섯 명이 백 명을

---

1 Rory Noland, *The heart of the artist*(Grand Rapids, Mich. : Zondervan Publishing, 1999). p.89.

쫓는다면 백은 2천 명을 쫓아갈 수 있다. 그렇지만 성경에서 말씀하는 것은 그렇지 않다. 백 명이 만 명을 쫓아갈 수 있다. 그것이 시너지다. 함께 걸어가고 함께 일할 때에 혼자서 하는 것보다 훨씬 더 많은 것을 이룰 수 있다는 사실을 하나님이 피조물들을 통해 보여주셨다는 것을 이해하는가?

눈으로는 모든 것을 볼 수 없을 것이다. 우리 모두는 서로 너무나 다르기 때문이다. 그렇지만 우리는 여전히 하나님이 원하시는 것을 온전하게 이루기 위해서 서로를 필요로 한다. "눈이 손더러 내가 너를 쓸 데가 없다 하지 못하리라." 서로가 많이 다르지만 우리는 서로 필요하다!

4

하나 됨을
지키는 예배자

이기심을 버리라 38

"아버지께 대답하여 이르되 내가 여러 해 아버지를 섬겨 명을 어김이 없거늘
내게는 염소 새끼라도 주어 나와 내 벗으로 즐기게 하신 일이 없더니 아버지의 살림을
창녀들과 함께 삼켜 버린 이 아들이 돌아오매 이를 위하여 살진 송아지를 잡으셨나이다"
(눅 5:29~30).

이 구절은, 일반적으로 탕자의 비유라고 불리는 잃어버린 아들에 대한 이야기의 마지막 부분이다. 말을 안 듣던 자식이 막 집에 돌아왔고 아버지는 종들에게 잔치를 벌이라고 말한다. 그렇지만 맏아들은 잔치할 기분이 아니다.

맏아들의 목소리에 묻어있는 분노를 느낄 수 있는가? 그는 탕자를 자신의 동생이라고 부르는 대신에 '아버지의 아들'이라고 말한다.

만약 예수님이 이 비유를 지금 우리에게 들려주신다면 맏아들의 독백은 이럴 것 같다. "아버지, 이건 옳지 않아요! 이런 일이 일어나다니 믿을 수가 없어요! 나는 지난 몇 년 동안 아버지가 하라고 하신 것들을 다 하면서 집에 머물러 있었어요. 나는 한 번도 아버지가 하라고 하신 허드렛일들을 불평하거나 투덜거리지 않고 해냈어요. 아버지의 권위에 대든 적도 없어요. 그런데 이 녀석은 집을 떠나 허랑방탕한 데 유산을 다 써버렸는데 그를 위해서 잔치를 여신다고

요? 아버지, 도대체 어떻게 이러실 수 있는지 말씀해 보세요, 네?"

맏아들의 기분을 느껴본 적이 있는가? 상황이나 환경은 전혀 달랐을지 모르지만 마음의 태도는 똑같았을지도 모르겠다. '나는 평생 동안 신실한 그리스도인이었어. 왜 끔직한 삶을 살았던 사람들이 나이가 먹어서 극적으로 회심하고는 사람들의 주목을 받는 거야? 수십 년 동안 신실하게 믿어온 나 같은 사람은 뭐야?'

좀 더 공감이 가는 얘기를 들어보겠는가? '왜 새로 온 저 사람이 솔로를 하는 거지? 나는 이 교회에서 아주 오랫동안 음악 사역에 헌신해 왔는데 왜 저 사람이 주목을 받는 거야? 너무 불공평해!'

1600년대 초반에 토마스 코리앗은 걸어서 아주 먼 거리를 여행하고는 여행기를 기록했다. 소설가 안토니 웰러는 코리앗에 대해 잡지에 쓴 기사에서 이렇게 말했다. '그는 노략하기 위해서, 과학을 위해서, 하나님을 위해서 그렇게 먼 거리를 여행한 것이 아니라 자신의 즐거움을 위해서 했다. 이런 점에서 우리의 눈에 보기에도 그는 근대적인 사람이다.'[2]

자기중심적인 것이 근대적임을 의미한다고 웰러는 생각한 것이다. 그러나 그것은 전혀 근대적인 것이 아니며 사실, 태초부터 있었던 인간의 본성에서 비롯된 것이다. 탕자의 이야기에 나오는 맏아들처럼 우리에게는 자기중심적으로 왜곡된 렌즈로 모든 일을 보려는 경향이 있다.

2　Sky Magazin, April 1999, "Traverlin' man."

마르다와 마리아의 이야기를 기억하는가? 마르다는 정말 훌륭한 음식을 만들어 예수님께 대접하고 싶었다. 그렇게 예수님을 축복하고 싶었던 것이다. 그것은 훌륭하고 고귀한 바람이었다. 마르다는 바르게 시작했고 동기 역시 옳았다. 그렇지만 마리아도 같은 동기를 가져야 한다고 요구하면서 마르다는 문제에 빠지기 시작했다. 예수님을 축복하겠다는 마음에서, 음식을 준비하는 일로 초점이 바뀌어 버렸다. 그래서 마리아가 도와주지 않을 때 화가 난 것이다.

우리에게 이런 적은 없었는가?

작건 크건 하나의 프로젝트를 시작할 때는 늘 좋은 의도로 시작한다. 그렇지만 멋진 프로젝트를 이루기 위해서 열심히 일하고 있을 때 같이 일하지 않는 사람들을 보게 된다. 그러면 '이 사람들은 도대체 뭐야? 내게 도움이 필요하다는 사실을 보지 못하는 걸까? 이게 얼마나 중요한지 모른단 말인가?' 하고 의아해한다. 마르다처럼 제대로 시작하기는 했지만 초점이 다른 곳으로 샌 것이다. 왜 그랬을까? 우리 모두 이기적이기 때문이다.

바울은 빌립보에 있는 교회에 보낸 편지에서 이 딜레마를 요약한다. "그들이 다 자기 일을 구하고"(빌 2:21). 우리는 이기적이어서 저마다 자신의 방법대로 하기만 바란다.

어느 누구보다도 이런 우리의 마음을 잘 아시는 하나님은 탕자의 비유를 통해서 다시 한 번 그분의 마음을 우리에게 보이셨다. 아버지는 지금껏 충성되었던 맏아들에게 이렇게 말한다. "얘 너는 항상 나와 함께 있으니 내 것이 다 네 것이로되"(눅 15:31). 맞다, 맏아들은 이기적이었다. 그의 반응은 잘못된 것이었다. 그러나 아버지는 맏아들과는 달리 긍휼의 마음을 보이신다.

살아가면서 좀 소외된 것 같다고 느낀다면, 그리고 이기적인 마음이 든다면, 하늘의 하나님이 하시는 말씀을 들으라. "너는 항상 나와 함께 있으니 내 것이 다 네 것이로되."

하나님은 우리와 함께하시고 우리가 필요로 하는 모든 것을 주셨다. 이 약속을 붙잡고 우리 자신의 소망이나 갈망들보다는 하나님의 계획과 목적에, 그리고 다른 사람들의 필요에 초점을 더욱 맞추자.

'하나님, 저에게만 초점을 맞추었던 것을 용서해 주세요. 하나님이 원하시는 것과 다른 사람들의 필요에 조화되어 살아가도록 도와주세요. 아멘.'

4

하나 됨을
지키는 예배자

다양한 스타일을 인정하라 39

"그런즉 우리가 다시는 서로 비판하지 말고"
(롬 14:13).

많은 교회들의 다양한 예배에 대해서 생각해보자. 그렇지만 그 전에 중요한 전제를 하나 세워야겠다. 그것은 어떤 교회들도 서로 똑같지 않다는 것이다. 교단마다 예배 형식이 다를 뿐 아니라, 같은 교단 내에서도 교회들마다 서로 다르다.

다른 도시로 이사를 가서 교회를 옮겨본 경험이 있는 사람은 그것이 어떤 의미인지 알 수 있을 것이다. 새로운 교회를 찾아서 '다녀보면' 당신은 아마 계속해서 이사 가기 전에 다니던 교회와 새로 옮긴 교회들을 비교할 것이다. 그렇지만 당신이 다니던 교회와 똑같은 교회는 없을 것이다. 아니, 전혀 없다고 확신한다. 교회는 모두 다르기 때문이다.

초대교회들도 마찬가지였다. 바울이 쓴 편지들을 읽어보면, 빌립보로부터 갈라디아까지, 고린도로부터 골로새까지, 모든 교회들의 스타일이 다 다르다는 사실을 알 수 있다. 그들은 각각 저마다의 장점과 단점을 가지고 있었다. 요한계시록에 나오는 일곱 교회들은 서로 간에 차이가 훨씬 더 컸다(계 2~3장 참고).

각각의 초대교회들의 회중들을 생각해본 적이 있는가? 그들은 문화적으로나 다른 여러 면에서 서로 달랐다. 예배드리는 모습은 또 얼마나 다양했을까? 예를 들어, 에베소에 사는 한 사람이 사업차 고린도를 방문했다가 그곳에 있는 교회를 갔다고 하자.

그 사람은 고린도에도 믿는 사람들이 모여 예배하는 곳이 있다는 사실과 그 모임 장소를 찾아낸 것이 무척 기뻤을 것이다. 그렇지만 그 또한 비교하기를 좋아하는 보통 인간이기 때문에, 다음과 같은 생각을 할지도 모르겠다.

'여기 예배는 에베소에서 드리던 것보다 훨씬 길군. 너무 길어! 그리고 왜 이렇게 이상하고 지겨운 노래들만 부르는 거지? 난 이런 노래들을 별로 좋아하지 않는데. 최신 그리스 악기들을 사용하지 않았더라면 좋았을 텐데.'

초대교회 성도들을 비하하는 것 같다고 나를 불손하게 보지 않았으면 좋겠다. 초대교회의 성도들 또한 당신과 나와 같은 사람들이었다. 그들도 예배에 대해서 더 좋아하고 싫어하는 것이 있었기 때문에, 다른 교회에서 드리는 예배를 경험하면 그 예배를 받아들이는 데 우리처럼 어려움을 겪었을 것이다. 이미 얘기한 것처럼, 모든 교회들이 서로 다르기 때문이다.

그렇다면 왜 교회들이 서로 그렇게 다른 것일까? 같은 성경을 읽고, 같은 하나님께 기도하는데…. 교회는 사람들로 구성되어 있기에 그럴 수밖에 없다. 각 개인은 유일무이하고, 그렇기 때문에 각 교회들도 유일무이해지는 것이다.

하나님은 매우 창조적이신 분이기 때문에 그분이 보시기에 이런 다양성은 아무런 문제가 되지 않는다. 하나님은 네 개의 서로 다른 복음서를 쓰도록 저자들을 감동시키셨는데, 복음서들은 모두 우리의 삶을 바꿀 만한 놀라운 이야기들을 담고 있지만 각 책이 서로 독특한 개성을 가지고 있는 것도 사실이다.

하나님은 모든 종류의 사람들을 그분의 왕국으로 받아들이신다. 똑똑한 사람, 어리숙한 사람, 활기찬 사람, 조용한 사람, 예의 바른 사람, 그리고 무례한 사람들…. 이 모든 종류의 사람들을 당신도 교회에서 만나보았을 것이다.

이런 사실을 기억하고 교회나 교단의 다양함에 너무 신경 쓰지 말았으면 좋겠다. 다양한 사람들의 필요를 만족시키기 위해서 어떤 교회는 열광적이고, 다른 교회는 점잖고, 어떤 교회는 큰 소리를 내고, 다른 교회는 조용한 것이다. 결국 모든 교회들은 사람들로 구성되어 있는데, 어떤 사람은 시끄럽고, 어떤 사람은 조용하기 때문에 그런 것이다.

하나님의 왕국은 이런 다양한 그리스도인들이 모여 있는 모든 종류의 교회들을 받아들일 수 있을 만큼 넓다. 하나님이 그 백성에게 주신 다양한 은사와 재능들 안에서 발휘된 창조성을 생각해보라. "은사는 여러 가지나 성령은 같고 직분은 여러 가지나 주는 같으며 또 사역은 여러 가지나 모든 것을 모든 사람 가운데서 이루시는 하나님은 같으니"(고전 12:4~6).

　교단들 사이에 분명히 신조의 차이는 있다. 그러나 서로 다른 견해를 가진 문제가 한두 가지라면 우리 모두가 충분히 공감할 수 있는 본질적인 진리들은 백 가지 이상이다.

　이것은 C. S. 루이스의 『순전한 기독교』에 명료하게 씌어있다. 그러므로 서로 다른 점들보다는 공통점에 초점을 맞추는 것이 훨씬 좋다. 어떤 두 교단의 차이점들은 기독교와 다른 종교 간의 차이보다 비교할 수 없을 정도로 적다.

　물론 어떤 교회는 노래하면서 예배를 시작하고, 다른 교회는 기도하면서 예배를 시작한다. 어떤 교회는 성경을 읽으면서 예배를 시작하지만, 다른 교회는 권면의 말로(히 13:22) 예배를 시작할 수도 있다. 그런 차이는 내용의 차이가 아니라 순서의 차이다.

　어떤 교회의 성직자들은 아름다운 가운을 입지만, 다른 교회에서는 그냥 양복을 입을 수도 있다. 나는 어떤 교회 목사님이 낡은 청바지를 입고 예배를 드리는 것도 봤다.

　마찬가지로, 어떤 교회는 멋진 스테인드글라스로 건물을 아름답게 꾸밀 수도 있지만, 또 어떤 교회는 평범하지만 효율적으로 교회 건물을 꾸밀 수도 있을 것이다. 그렇지만 그런 '큰' 교회와 '작은' 교회 모두 같은 하나님을 예배하고 있는 것이다.

　예배 스타일의 차이가 하나님의 마음을 어지럽히지는 않을 테니 우리의 마음에도 아무런 문제가 되지 않아야 한다.

　예배 스타일에서 차이가 가장 두드러지는 것은 대부분 음악의 스타일이다. 어떤 교회는 오래된 찬송가를 부르는데 옆 교회는 최신 유행하는 찬양을 부르며, 어떤 교회에서는 오르간을 사용하는데 또 어떤 교회에서는 신디사이저를 사용한다.

어떤 곳에서는 클래식 악기를 사용하는데 일렉 기타와 드럼을 사용하는 교회도 있고, 어떤 교회는 조용한 음악을 좋아하지만, 다른 교회 사람들은 그렇지 않다.

자신의 교회나 교단이 '옳고' 다른 것들은 틀렸다고 배워왔던 사람들은 이런 스타일의 차이에 대해 불편하게 생각할 수도 있다. 어쩌면 에베소 사람들이 갈라디아나 빌립보 사람들에 대해서 이런 식으로 생각했을지도 모른다. 그렇지만 바울은 그렇게 생각하지 않았다. 그리고 내 생각에는 우리 주님도 그렇게 생각하지 않으신다고 믿는다. 로마서 14장은 논란의 여지가 있는 예배 방식과 같은 문제에 대해서 다른 교회들을 비난하는 것을 절대 금지한다. "우리가 다시는 서로 비판하지 말고"(롬 14:13).

어거스틴의 말을 되새겨 볼 필요가 있다. "본질적인 문제에 대해서는 일치함이, 논란의 여지가 있는 문제에 대해서는 자유함이, 그리고 이 모든 것 안에는 사랑이 있어야 한다."

---

* 패트릭 케버노프의 『우리의 삶은 하나님께 드리는 예배입니다』(브니엘 역간)에서 인용(재번역)

4
하나 됨을
지키는 예배자

반대 의견과 불순종을 구별하라 40

"너희를 인도하는 자들에게 순종하고"
(히 13:17).

꽤 오래 전에 큰아들에게 C. S. 루이스의 고전적인 판타지 소설 『나니아 나라 이야기』 시리즈를 읽어주었다. 그 시리즈의 두 번째 책에서 법적으로 나니아의 왕좌를 이어나갈 착한 왕자 캐스피언과 그의 추종자들인 말하는 동물 무리는 왕위를 찬탈한 사악한 왕과 전투를 벌이려 하고 있었다. 캐스피언은 마법 호른을 가지고 있었는데, 전설에 따르면 그것은 가장 필요한 순간에 도움을 요청할 때 부는 것이라고 했다. 캐스피언은 도움을 청할 필요가 있다고 생각한 순간 호른을 불려고 했다. 그런데 불행하게도 어떤 종류의 도움이 올지, 나니아 땅 어디로 올지 전혀 알지 못했다. 리더들은 깊이 토론한 끝에 그 도움이 어떤 것이든, 그 도움은 나니아 땅의 세 곳 중 하나로 올 것이라는 데 동의했다. 그들은 현재 그 세 장소 중 한 군데에 머물고 있었기 때문에 캐스피언은 나머지 두 장소로 가서 도움을 기다릴 두 명의 전령이 필요했다. 그래서 자원자를 찾는데, 두 난쟁이가 말했다. 니카브릭이라는 난쟁이는 완고하고 거칠게 그곳에 가달라는 요구를 거절했다. 이 말에 트럼프킨이라는 다른 난쟁이가 말했다. 트럼프킨은 처음부터 그 호른이 도움을 줄 것이라는 사실을 믿지 않는다고 말했었다. "골무와 뇌우 요정들이여!" 트럼프킨은 분노에 차 말했다. "왕한테 어떻게 그런 식으로 말할 수 있습니까? 왕이여, 나를 보내소서. 내가 가겠나이다."

그러자 캐스피언이 물었다. "그렇지만 트럼프킨, 자네는 호른이 도움을 줄 수 있다는 것을 믿지 않았잖은가?"

"물론 믿지 않습니다. 하지만 왕이시여, 그것이 무슨 상관입니까? 나는 여기서 죽느니 차라리 야생 거위들을 쫓다가 죽겠습니다. 당신은 나의 왕입니다. 나는 조언을 하는 것과 명령을 따르는 것의 차이는 압니다. 당신은 나의 조언들을 들으셨습니다. 그리고 이제는 내가 명령을 따를 때입니다."[3]

마태복음 23장에서 예수님은 서기관들과 바리새인들을 꾸짖으신다. 예수님은 23장에서 그들을 "외식하는 사람들", "맹인 된 인도자", "뱀", "독사의 새끼" 등으로 부르신다. 예수님이 그들을 높게 평가하지 않고 계신 것은 분명하다. 그렇지만 예수님은 23장 서두에서 사람들에게 놀라운 말씀을 하신다. "서기관들과 바리새인들이 모세의 자리에 앉았으니 그러므로 무엇이든지 그들이 말하는 바는 행하고 지키되"(마 23:2~3). 그리고 나서야 그들이 정말로 얼마나 끔찍

---

3 C. S. 루이스 『나니아 나라 이야기 4(캐스피언 왕자)』(시공주니어 역간)

한 사람들인지 말씀하기 시작하셨다. 예수님은 서기관들과 바리새인들에게 복종하라고 사람들에게 말씀한 후에 비난을 하고 계신 것이다. 비록 그들이 완전하지는 않았지만, 여전히 보통 사람들은 그들의 말을 행하고 지켜야만 했던 것이다. 그들이 정말로 바른 길로 가지 못한 사람들이라 하더라도(반역하는 사람들과는 다르다) 여전히 그들을 따라야만 했던 것이다. 요즘 우리가 생각하는 것과는 전혀 다르다.

우리는 성경에서 가르치는 리더들을 따르는 이상적인 방법이, 우리가 하는 것과 다르다는 사실을 너무나 자주 발견한다. 왜냐하면 우리는 "권위자에게 이의를 제기하라"는 슬로건을 듣는 문화에 오염됐기 때문이다. 그래서 사울 왕이 다윗을 계속 쫓으면서 그의 목숨을 위협함에도 불구하고, 다윗이 하나님이 세우셨다는 이유로 사울 죽이기를 거절하는 모습에 많이 놀란다. 오늘날 사울을 보았다면 우리는 당장 죽여야 한다고 말할 것이다. 최소한 사울에게 당장 왕위를 내려놓아야 한다고 말할 것이고, 필요하다면 무력을 사용할 것이다. 그렇지만 다윗은 그 정도로 어리석지 않았다.

성경은 이러한 사실을 넌지시 암시하는 것이 아니라, 분명하게 말하고 있다. "너희를 인도하는 자들에게 순종하고"(히 13:17). 이 말씀은 명령이지 어떤 제안이 아니다. 우리는 지도자에게 복종하는 것에 대한 성경적인 관점을 제대로 이해하지 못하고 있을 때가 참 많다.

내가 섬기는 교회가 완벽한 교회는 아니라고 말해두고 싶다. 우리는 단지 인간일 뿐이다. 우리는 완벽할 수 없다. 그래서 어떤 결정을 하기 전에 종종 조언을 하지만 나는 교회의 사람들과 리더들에게 완전히 순종한다. 결정이 나고 일들이 시작되면, 그 일들을 함께 한다. 하나로 뭉쳐야만 우리는 앞으로 나아갈 수 있는 것이다.

우리 교회에서 일어나는 모든 일들에 대해 불만이 없느냐고? 당연히 불만이 있다. 우리 교회 안에도 실수들이 생기고, 가끔 엄청난 문제가 발생하기도 한다. 그리고 교회의 결정이 내 생각보다 훨씬 못할 때도 있다. 그렇지만 나는 그 난쟁이 트럼프킨처럼 "조언을 하는 것과 명령을 따르는 것의 차이는 알고 있다. 당신은 나의 조언들을 들었다. 이제 내가 명령을 따를 때가 되었다"라는 말의 의미를 이해하면서 리더들에게 순종한다.

찬양 사역에서 섬기는 사람들은 다른 누구보다도 이 원칙을 잘 이해해야 한다. 주님께서 어느 날 당신을 리더의 위치에 올릴지도 모른다. 당신이 이끄는 사람들이 계속해서 당신의 권위에 거역하기를 원하는가? 뒤에서 당신의 스타일에 대해서 수군거리거나, 당신의 흠을 이야기하기 바라는가? 그렇지 않다면, 지금 당신부터 그런 행동들을 삼가라.

리더들을 따르라는 것은 단지 좋은 제안이 아니다. 이것은 하나님이 직접 말씀하신 명령이다.

---

* 탐 크라우터의 『우리가 같이 서 있는 것이 그렇게 대단한 일이라면, 왜 계속 서로 멀어지기만 하는 걸까요?(If standing together is so great, why do we keep falling apart?)』(Lynnwood, Wash. : Emerald Books, 1994, 1998)에서 인용.

4

하나 됨을
지키는 예배자

연합으로 온전한 공동체를 이루라 41

"하나님은 영이시다. 그러므로 하나님께 예배를 드리는 사람은
영과 진리로 예배를 드려야 한다"
(요 4:24, 표준새번역).

사람들은 각각 매우 다르다. 나는 아무도 나를 경영인으로 착각할 리가 없는 작사·작곡가로서, 회계사들이 너무나 멋지게 느껴진다. 사람이 그러한 일을 그렇게 즐겁게 한다는 것이 놀라울 따름이다. 그들도 나처럼 평범한 사람이 되기를 바라고 있을 것이라 생각한다 (농담이 아니다).

하나님은 반어와 대조를 좋아하신다. 하나님은 나비와 코뿔소를 모두 창조하셨다. 하나님의 걸작품인 남자와 여자 역시 대조의 좋은 예다. 도대체 하나님은 무슨 생각을 하고 계셨던 걸까!

여기 또 하나의 반어가 있다. 하나님은 예배자들이 영과 진리로 예배하라고 말씀하신다. 우리 중 어떤 사람은 영이란 본질적인 것이고, 진리는 부수적인 것이라고 생각할 것이다. 그리고 이와는 반대로 생각하는 사람도 있을 것이다.

내가 말하는 풍자를 한번 들어보라. 당신 교회에서 일어나는

상황과 비슷한 점이 있더라도 그건 단지 우연일 뿐이다. 화요일 저녁의 소그룹 예배 모임을 한번 생각해 보자. 당신은 예배 인도자이고, 이름은 잭이다.

잭, 당신은 '하나님의 성령이 예배 가운데 흐르기를' 바라고, '주님께 영광 돌리기'를 바란다. 그런데 저쪽에 앉은 샘은 불쌍하게도 예배 안에서 자유를 누리지 못한다. 그래서 당신은 이렇게 기도한다. "오! 하나님, 제발 샘이 이 멋진 예배의 시간을, 원어 성경의 사소한 논란거리로 방해하지 않게 해주세요."

그러는 동안에 샘은 저쪽에 앉아서 당신을 이해해 보려고 노력한다. "저 사람은 진짜로 예배하는 걸까? 왜 노래할 때 항상 눈을 감는 거지? 이렇게 '자유로운 예배' 시간은 얼마나 계속되는 거야? 난 이제 설교를 들을 준비가 되었다구."

이제 다시 당신의 이야기를 들어보자. "샘이 하나님은 영이라는 사실을 알았으면 좋겠군. 하나님이 우리에게 주신 가장 큰 명령이 마음을 다해서 하나님을 사랑하라는 것임을 샘은 대체 알기나 하는 걸까?"

> 샘 : "나는 잭이 하나님은 진리라는 사실을 알았으면 좋겠어. 저 친구가 하나님이 우리에게 주신 가장 큰 명령이 뜻을 다해 하나님을 사랑하라는 사실을 알기는 할까?"
>
> 잭 : "분명히 샘은 성령으로 충만하지 않을 거야. 아마 집에 워십 CD가 한 장도 없을걸. 책 읽느라고 시간이 바빠서 말이지!"

샘 : "분명히 잭은 200페이지가 넘는 책은 읽어본 적이 없을 거야. 아마 칼빈을 청바지 디자인하는 사람[4]이라고 생각할걸!"

이 풍자는 결국 샘이나 잭 모두 "사람의 행위가 자기 보기에는 모두 정직하여도"라는 잠언 21장 2절의 말씀이 맞는다는 것을 증명해 보이는 것이다.

신경정신과 의사들이 말하는 것이 사실이라면, 우리 대뇌의 왼쪽 반구와 오른쪽 반구는 근본적으로 다른 기능을 가진다. 로버트 웨버는 『예배는 동사』(Worship is a verb)라는 책에서 '대뇌의 왼쪽 반구는 언어적인 기술을 담당하는 반면에 오른쪽은 비언어적이고 직관적인 기술들, 즉 공간 개념이나 시적인 충동들에 초점을 맞춘다. 뇌의 왼쪽은 언어나 질서에 더욱 초점이 맞추어져 있는 반면에 오른쪽은 상징적이고 창조적인 부분에 초점이 맞추어져 있다'고 말한다.

모든 사람들이 대뇌의 양쪽을 다 사용한다. 그렇지만 일반적으로 한쪽이 다른 쪽보다 더 잘 작용한다. 예를 들어서, 샘은 왼쪽 뇌의 회로가 조금 더 발달한 것이다. 그런데 슬픈 일은 이런 경향의 차이들을 이해하고 인식하지 못하기 때문에 관계들이 무너지고 교회가 분열된다는 것이다.

하늘 아버지가 영과 진리로 예배하는 사람을 찾는다고 예수님

---

4 역주 : 종교개혁가 칼빈은 영어로 Calvin이라고 쓴다. 유명한 Calvin Klein 청바지를 디자인한 사람의 이름과 같다.

은 말씀하셨다. 그 둘 중에 하나가 아니라 두 가지 모두로 예배하는 것을 말하는 것이다. 원칙은 이렇다. "하나님이 받으시는 희생은 하나님을 기쁘게 하며, 성령과 조화를 이루고, 그분의 진리에 따르는 예배다."

예배를 통해서 하나님을 기쁘시게 해드리려면, 진리가 없는 영이나, 영이 없는 진리 모두 하나님이 받지 않으신다는 사실을 알아야 한다.

요한복음 5장에서 바리새인들이 예수께로 가지 않고 율법만 찾고 있는 모습을 볼 수 있다. 이것은 영이 없는 진리의 좋은 예다. 하나님에 대해서는 알고 있지만 하나님과의 교제는 없는 것이다. 이것은 우상숭배가 될 수 있는 심각한 문제다.

반대의 상황은 진리가 없는 영의 경우다. 역대상 13장에 보면 다윗은 언약궤가 예루살렘으로 돌아올 때, 이스라엘에게 힘 있고 멋진 예배를 보여 주었다.

그런데 역대상 15장 13절에서 15절을 보면 알 수 있듯이 이스라엘은 하나님의 진리를 따르지 않았다. 레위인들은 자신을 정결케 하고 언약궤를 나르라는 하나님의 명령을 따르지 않았다. 이 문제가 얼마나 심각했는가?

예배하는 기쁜 소리와 악기들의 소리가 매우 컸음에도 불구하고, 하나님의 분노가 오히려 더 컸다. 웃사가 언약궤를 만졌을 때, 바로 그 자리에서 죽었다. 예배가 끝나기도 전에!

몇 년 전에 내가 나의 각별한 친구, 랍과 브래든의 결혼 피로연

장에 갔을 때 하나님이 하나의 계시를 주셨다. 랍은 매우 심각하고 진지하며 딱딱한 사람이고, 나중에 목사가 되었다. 브래든은 예술을 전공했는데 자연스럽고 매우 창조적인 사람이었다. 그들의 결혼을 어떻게 축복해줄까 생각하고 있는데, 문득 이런 생각이 들었다. "하나님의 진리는 마치 바위와 같아 영원히 변하지 않고 늘 그대로 있습니다. 하나님의 영은 또 바람과 같아 어디서 와서 어디로 가는지 알 수 없습니다. 진리는 고정된 것이고 영은 역동적인 것입니다. 랍은 마치 바위와 같고, 브래든은 바람과 같습니다. 자, 우리 모두 바위와 바람의 결혼을 위해서 건배합시다!"

우리의 예배 사역과, 회중과, 교회를 위한 기도 또한 마찬가지가 아닐까? 만약 그렇다면 이제 잔을 들고 이렇게 말하라.

"여기 영과 진리로 예배하는 예배자들을 위해서 건배! 바람과 바위의 결혼을 위해서 건배!"

4
하나 됨을
지키는 예배자

새로운 도전을 기뻐하라 42

"새 노래로 여호와께 노래하라"
(시 96:1).

교회에서 어떤 음악 스타일을 사용할까에 대한 논의들은 매우 덧없는 것이다. 우리는 모두 어떤 스타일이 좋은지에 대한 개인적인 의견들을 가지고 있다. 그리고 수세기에 걸쳐 교회 안에서 이런 현상들은 변함없이 계속되었다. J. S. 바흐, 그가 작곡한 하모니와 리듬이 너무 관능적이라고 평가 받아, 교회의 직임에서 거의 쫓겨날 뻔했다는 사실을 알고 있는가? 그 유명한 바흐가 말이다!

아주 오래 전에 선교사들이 파이프 오르간을 아프리카의 가장 깊고 어두운 곳까지 가지고 들어가서 그곳 원주민들에게 완전히 이질적인 음악 스타일로 예배하라고 강요했다는 사실은 너무나 놀랍다. 서구의 음악 스타일이 좀 더 우월한가? 인구당 그리스도인의 숫자가 많다는 이유로 우리가 취하는 방법들이 더 신뢰할 만한가? 분명히 아닐 것이다. 다윗을 비롯한 시편 기자들이 작곡했던 음악은 분명히 우리의 귀에는 매우 이질적인 것일 텐데….

사실, 음악은 문화적인 매개물이고 또한 그렇게 여겨야만 한다. 마르틴 루터는 이 사실을 잘 이해했기 때문에 그의 시대에 유행하던 음악 스타일에 맞추어 훌륭하고 신학적으로 건전한 찬양 가사를 쓸 수 있었다. 윌리엄 부스도 이 사실을 잘 이해해서, 그 시대에 유행하는 스타일로 찬양을 작곡하고 구세군 브라스 밴드와 함께 연주했다.

얼마 전에 빌 게이더가 말한 것을 들을 기회가 있었는데 그의 말은 내게 큰 영향을 주었다. 안타깝게도 그의 말을 그대로 기억하지는 못하지만, 그 요점은 다음과 같다. "복음은 언제나 태초부터 변함이 없었다. 그렇지만 그것이 포장되는 방법이나 사람들에게 소개되는 방법은 언제나 그 문화와 사회에 따라서 변화해왔다."

그는 계속해서, 자신의 아들이 교회에서 연주하는 스타일의 음악에 적응하는 것이 가끔은 쉽지 않다고 말했다. 그렇지만 빌 자신이 도저히 다가갈 수 없는 사람들에게, 그의 아들은 다가가고 있다는 사실은 부인할 수 없다는 것도 인정했다. 우리가 어떤 스타일을 다른 스타일보다 더 좋아하더라도, 다른 음악 스타일이 꼭 틀린 것은 아니라는 사실을 받아들이기 시작해야 한다. 음악은 단지 문화적인 매개물에 지나지 않는다.

몇 년 전에 나는 주드슨 콘웰 박사가 한 예배 세미나에서 강의하는 것을 들었다. 하루는, 그가 이러한 문화와 음악의 개념에 대해서 설명했다. 그는 전에 아프리카의 한 부족에게 가서 사역할 기회가 한 번 있었다고 말했다. 그들은 예배할 때에 콘웰 박사가 '양철북'

이라고 부르는 것을 사용했는데, 쇠로 된 커다란 물건이면 무엇이든 두드려서 소리를 내었다. 콘웰 박사는 그런 예배를 드리기 전에 아스피린을 두 개씩 먹어야 했지만, 그 사람들이 예배하면서 전심으로 자신을 하나님께 드리고 있었다는 사실을 인정할 수밖에 없었다고 말했다. 그가 좋아하는 음악 스타일은 아니었지만, 그 문화와 사회의 일반적인 경험과 이해에 따르면 가장 완전한 예배방법이었던 것이다.

수준 낮은 음악을 연주해도 괜찮다는 말이 아니라는 것을 이해하리라 믿는다. 하나님은 우리가 드릴 수 있는 최선을 받으실 만한 분이다. 가장 최고의 수준으로 하나님께 드려야 한다는 것은 타협의 여지가 없다. 그렇지만 몽골의 시골에 사는 사람들이 수준 높은 음악이라고 해서 바흐의 음악을 쉽사리, 그리고 전심으로 받아들이지는 않을 것이다.

나는 꽤 오래 전에 트리니다드에서 오신 목사님을 만난 적이 있었다. 대화 도중에, 목사님은 자신의 고국에서 발명된 양철북에 대해서 말했다. 그 악기는 오랜 세월 동안 그들의 음악 스타일에 맞는 대중적인 악기였다고 한다. 그렇지만 그 목사님 말에 의하면, 아주 오래 전에 트리니다드에 온 선교사들이 양철북은 사탄적인 악기라고 주장했다고 한다. 그리고 많은 사람들이 단지 이 말 때문에 교회를 떠났다. 다행히도 지금은 트리니다드의 많은 교회에서 하나님을 예배할 때 양철북을 사용하고 있다.

아직도 많은 교회에서는 그 교회가 속한 사회의 음악 문화와는 매우 다른 스타일의 음악을 사용하고 있다. 그리고 그런 교회에서는 교회에 처음 나왔거나 아직 교회 문화가 익숙하지 않은 사람들이 그 음악 스타일에 적응하지 못해 다른 곳으로 떠나버린다. 그 교회에 하나님의 말씀의 진리는 있었지만, 그들이 사용하던 음악은 일반 사람들의 경험과 이해와는 매우 달랐던 것이다.

전통적인 찬송가를 버려야 한다는 말은 아니다. 그것은 절대로 안 될 말이다! 그것은 우리 기독교 유산의 매우 중요한 요소다. 나는 찬송가를 사용하기를 거부하는 교회를 많이 보았는데, 그것은 그들에게 손해가 될 뿐이다. 그러나 성경이 얼마나 자주 새 노래로 주님을 찬양하라고 말씀하셨는지 주의해서 보아야 한다.

음악이란 문화적인 문제라는 사실을 다시 한 번 기억하자. 왜 우리 사회에 있는 사람들은 대부분 서양식 옷을 입는가? 왜 교회학교의 선생님들이 1600년대의 영어가 아니라 현대 영어를 사용하고 있는가? 음악은 마치 언어와 옷처럼 문화적인 문제다.

어떤 특정한 종류의 음악 안에만 갇혀 있다면 그 상태를 깨고 나와야 한다. 그리고 무슨 일을 하든 기꺼이 새로운 생각과 방법을 시도하려고 해야 한다. 기억하라. 하나님을 예배하는 데 어떤 특정 스타일의 음악이나 악기가 따로 있는 것이 아니다. 당신이 섬기는 교회에서 이미 현대적인 스타일의 음악을 아주 많이 사용하고 있다면, 이제 또 다른 것을 시도해 보라고 권면한다. "새 노래로 여호와께 노래하라"(시 96:1).

4

하나 됨을
지키는 예배자

전체적인 조화를 이루라 43

"몸은 하나인데 많은 지체가 있고 몸의 지체가 많으나 한 몸임과 같이 그리스도도 그러하니라 … 만일 온 몸이 눈이면 듣는 곳은 어디며 온 몸이 듣는 곳이면 냄새 맡는 곳은 어디냐 그러나 이제 하나님이 그 원하시는 대로 지체를 각각 몸에 두셨으니 만일 다 한 지체뿐이면 몸은 어디냐 이제 지체는 많으나 몸은 하나라"
(고전 12:12, 17~20).

질문: 기타 연주자가 좀 더 조용히 연주하게 만들려면 어떻게 해야 할까요?

답: 그 사람 얼굴 앞에 악보를 놓아주세요.

질문: 드럼 연주자가 당신 집 문을 어떻게 노크하나요?

답: 언제나 노크를 하면 할수록 박자가 늦어지죠.

질문: 그랜드 피아노와 관의 차이는 무엇이죠?

답: 관의 경우엔, 죽은 사람이 안에 있지만 피아노의 경우에는 죽은 사람이 관 밖에 있지요.(피아노 연주자가 마치 죽은 사람처럼 무감동하게 연주만 하는 것을 빗댐 - 편집자 주)

질문: 전구를 갈아 끼우기 위해서 얼마나 많은 싱어가 필요합니까?

답: 한 명이죠. 싱어가 전구를 잡고 있으면 온 세계가 그를 중심으로 돌아가니까요.

질문: 전구를 갈아 끼우기 위해서 컨트리 베이스 기타 연주자가 몇

명 필요합니까?

답 : 1-5-1-5-1-5 [5]

이만하면 예배팀에 있는 모든 사람들을 놀려준 것 같다. 그럼, 이제 숨을 길게 한번 쉬어볼까?

정곡을 찌르는 유머가 가끔은 진리를 보여주기도 한다. 다른 사람의 악기에 대해서 농담을 하기는 쉽지만 그것이 자신에게 향할 때는 상처가 된다.

사실 자신이 연주하는 악기가 예배팀에 가장 중요하다고 생각하는 것이 사람들의 일반적인 반응이다. 그러나 각 악기와 목소리가 전체 소리에 합해질 때 환상적인 소리와 다양한 음조가 생기고, 그것이 우리를 효과적인 예배팀으로 만들어준다. 그것을 이루기 위해서 우리에게 익숙한 생각들을 버려야 한다. 자신의 악기나 목소리가 다른 것보다 더 중요한 것이 아니라 전체 소리의 부분이라는 사실을 알아야만 한다.

나는 북아메리카에서 세미나를 통해 현대적인 예배에 대해 가르쳐왔다. 내가 주로 다루는 영역에는 편곡에 관한 것도 있다. 예배팀에게 가장 어려운 것 중 하나는, 각각의 악기나 목소리마다 전체 소리 안에서 제자리가 있다는 사실을 아는 것이다. 한 팀으로 효율

---

5 역주 : 컨트리 음악에서 다른 악기들은 모두 화려하게 연주하는 데 반해서, 베이스 기타는 복잡하지 않고 간단하게 1, 5박에만 연주하면 된다.

적인 연주를 하기 위해서는, 고린도전서 12장에서 바울이 말했던 그리스도의 몸에 대한 개념을 적용시켜 보는 것이 좋다. 다음은 생각해볼 만한 몇 가지 요점이다.

1. 우리 모두는 각각 다르지만, 전체 몸의 일부다. 내가 한 블록 정도를 걸어간다면 몸 전체가 같이 가는 것이다. 몸의 각 부분들은 각자의 역할을 하지만 모두 같은 방향으로 가는 것이다. 예배팀도 마찬가지다. 우리 모두는 하나님의 은혜로 예수 그리스도와의 관계 안으로 들어오게 되었다. 그렇기 때문에 "하나 되어" 보일지라도, 우리 각자에게는 하나님의 용서가 간절히 필요하다. 게다가 우리는 예배팀으로서 회중들이 하나님과 더 깊은 교제 가운데로 들어갈 수 있도록 인도한다는 하나의 목적을 이루기 위해서 부름 받았다. 당신이 그 지역에서 최고의 악기 연주자이고, 싱어라는 사실을 보이기 위해서 예배팀에 있는 것이 아니다. 노래하고 연주할 때마다 당신 자신에게 질문해 보라. '나는 어떻게 사람들의 예배하는 삶에 힘을 더해 주고 있는가?' 만약에 그런 궁극적인 목적에서부터 멀어지고 있다면, 마치 몸의 다른 부분들은 저쪽으로 가려는데, 자기만 이쪽으로 가려는 내 왼쪽 다리와 같을 것이다. 정말 웃기는 모습 아닌가?

2. 반대로 몸은 하나의 개체이지만, 또한 여러 부분들이 있다. 예배팀도 마찬가지다. 당신은 전체 팀이 내고 있는 소리와 팀이 보여주는 태도 가운데에서 중요한 역할을 하고 있는 것이다. 만약 우리

모두가 같은 역할을 하고 싶어 한다면, 바울의 묘사대로 전체 몸이 커다란 왕방울 눈과 같을 것이다. 오보에를 불고 싶은데 지금은 트라이앵글을 연주하고 있는가? 당신의 악기가 무엇이든, 어떤 파트에서 노래를 부르든, 다른 사람들과 자신을 비교하는 것을 멈추라. 당신 한 사람이 중요하다. 그러므로 할 수 있는 한 최고의 연주를 하라. 각자가 자신이 맡은 역할을 감당하고, 다른 사람들은 그들의 일들을 감당하도록 해야 한다.

3. 눈 하나가 몸 전체가 아닌 것처럼, 우리 모두가 베이스 기타 연주자는 아니다. 이것은 베이스 연주자가 제 역할을 하고 그 소리가 믹스를 거쳐 나오기 위해서는, 우리 각자가 방해하지 않아야 하고 베이스 연주자가 제 소리를 내도록 도와주어야 한다는 말이다. 건반 연주자에게 이 말을 적용하면, 왼손 연주를 간단히 하라는 뜻이다. 만약 단음 악기를 연주한다면, 보컬보다 더 화려하게 연주해서 멜로디가 제대로 들리지 않게 해서는 안 된다. 예배팀에 어쿠스틱 기타 연주자가 세 명이라면, 각자가 다른 것을 연주하도록 노력해야 한다. 그렇게 하는 것이 비록 솔로로 연주하는 것만큼 멋지게 보이지는 않더라도 말이다. 자신의 소리가 홀로 튀지 않도록 주의해야 한다.

4. 연주자 각자는 순서에 따라서 조용하게 연주해야 한다. 연주자나 싱어로서 우리에게 만성적인 어려움 중 하나는 언제나 연주하

고 언제나 노래하고 싶어 한다는 것이다. 우리는 손이 놀고 있거나 노래하지 않는 것을 참지 못한다. 그렇지만 그렇게 해야 전체 소리가 하나로 잘 조화될 수 있다. 혹시 드럼 연주자인가? 그렇다면 '이 노래는 기타와 건반만으로 충분한 것 같아. 나는 뒤에 앉아서 그냥 손을 들고 하나님을 찬양해야겠어'라고 마지막으로 생각한 것이 언제였는가? 건반 연주자인가? "이 노래는 어쿠스틱 기타만 필요로 하는 것 같아" 하고 마지막으로 말한 때가 언제였는가? 이렇게 하기 위해서는 훈련과 섬기려는 마음이 필요하다.

귀나 간이나 비장이 되려고 노력했지만 사실 식도가 되기 위해서 부르심을 받았다면, 이제 자존심은 삼켜버리고 하나의 목적으로 부르심을 받은 예배팀의 일원으로 행동하라. 교회에 조화를 거부하는 예배팀은 필요치 않다.

4
하나 됨을
지키는 예배자

서로 친밀한 관계를 맺으라 44

"형제가 연합하여 동거함이 어찌 그리 선하고 아름다운고 …
거기서 여호와께서 복을 명령하셨나니 곧 영생이로다"
(시 133:1, 3)

얼마 전에 한 교회의 예배 세미나에서 강의할 때였다. 어떤 것을 강조하기 위해서 나는 부인을 떠나버린 남편에 대한 이야기했다. 이야기가 끝날 무렵, 나는 그 교회의 예배 인도자가 눈에 띨 정도로 울고 있는 것을 발견했다. 나는 멈추고 그녀를 위해서 기도할까 하다가 좋은 방법이 아닌 것 같아 쉬는 시간에 그녀에게 다가가서 왜 울었는지를 물었다. 그녀는 오래 전에 남편이 자신을 떠났다고 말했다. 단순히 떠나기만 한 것이 아니라 그녀의 사촌이자 중고등부 사역을 하고 있던 여자에게로 가버린 것이었다. 그녀는 굉장히 어렸을 때 결혼을 했기 때문에 사실 남편은 그녀에게 전부였다. 그래서 남편이 떠났을 때 그녀는 망연자실했다. 상처가 너무 컸기 때문에 예배팀 연습에 종종 빠졌고 주일 아침예배를 인도하기로 되어 있는데 나타나지 않을 때도 있었다.

그 교회에는 예배 사역을 관리하는 담당자가 따로 있었다. 그래서 예배 인도자는 자기가 잘할 수 있는 일에만 집중하고 그 밖의 행정적인 일들에는 신경을 쓰지 않아도 괜찮았다.

그 관리자가 어느 날 예배 팀원들에게 물었다. "우리는 그녀에게 예배팀을 떠나라고 말해서 그녀의 삶을 완전히 황폐하게 할 수도 있고, 그녀가 이겨나가도록 도와줄 수도 있습니다. 어떻게 하기를 원하십니까?" 그녀와 예배 팀원들은 그냥 지나치며 인사만 대충 나누는 그런 관계가 아니었다. 그들은 아주 친했기에 그녀가 이겨나가도록 도와주기로 했다.

그래서 그녀가 연습 시간에 나타나지 않으면, 그냥 그녀 없이 연습을 계속했다. 주일 아침에 그녀가 나타나지 않으면 관리자는 "누가 예배를 인도하시겠어요?" 하고 물었다. 이런 상황들이 계속되는 동안 팀원들이 그녀의 빈자리를 잘 메꾸어주었기 때문에, 회중들이 그녀의 상황을 대강은 알았지만 얼마나 그녀가 힘들어하는지는 잘 몰랐다.

예배 인도자가 자기의 삶을 추스를 수 있게 되자, 예배 팀원들에게 감사를 표시했다. "여러분이 저에게 배려해주신 것들이 어떤 것인지 결코 모르실 거예요. 내가 사랑 받을 수 없을 때, 여러분들은 저를 사랑해 주었어요. 제 삶에서 가장 힘든 시간을 이겨나가도록 도와주셨어요. 감사합니다."

우리 교회에는 미션 스쿨이 하나 있다. 수 년 동안 한 대학의 지원을 받아 농구 수준이 꽤 향상되었기에, 우리 가족은 종종 학교

농구 경기를 구경 간다. 나는 옳고 그름을 확실하게 구분하는 사람이기 때문에, 종종 심판의 판정에 불만을 갖고 투덜댄다. 나나 내 주위의 사람들에게만 겨우 들릴 만큼 작은 소리이지만…. 그렇지만 심판의 판정이 정말로 잘못되었다고 생각하면, 나는 목청을 높여 불만을 드러낸다.

교회 친구 중에 농구 심판이 한 명 있다. 우리 학교의 경기에 심판으로 나오는 날이 그리 많지는 않지만 그가 심판을 볼 때면 나는 그의 판정에 거의 동의한다. 왜 그럴까 곰곰이 생각해본 결과, 그가 심판을 매우 훌륭하게 보아서가 아니라 그와 내가 관계를 맺고 있기 때문이라는 사실을 알았다. 내가 그를 잘 알고 좋아하기 때문에 그의 단점을 찾아내는 것이 훨씬 더 어려운 것이다.

오래 전, 어느 교회에서 사역을 마친 후에 그 교회 목사님과 함께 식사를 하러 갔다. 목사님은 교회에 있는 예배팀 중 두 명이 서로 갈등상태에 있었다고 말했다. 한 명은 외향적이어서 자신의 의견을 자유롭게 표현했는데 상대방은 내향적이고 다른 사람들의 의견, 특히 자신의 음악 실력에 대한 다른 사람들의 의견을 듣고 싶어 하지 않아 생긴 갈등이었다.

목사님은 이 상황에 대해서 설명하고 나서 이제는 모든 것이 해결되었다고 말했다. "우리가 어떻게 했는지 아세요?" 목사님이 내게 물었다.

"아뇨. 그렇지만 어떻게 하셨는지 알고 싶네요." 나는 대답을 기다렸다.

목사님은 예배팀이 놀이공원에 가서 하루 종일 놀았다고 말했다. 서로 잘 맞지 않던 그 두 사람은 함께 시간을 보냈고, 서로 잘 알게 되었고, 친구가 되었다. 우정이 깊어졌기 때문에 그들 사이의 문제도 해결되었다.

장기적인 사역에서 든든한 관계는 필수다. 관계가 피상적이라면 갈등을 완전히 해결하기 어렵다. 피상적인 수준에서의 관계는 진정한 위탁도, 헌신도 이끌어내지 못한다. 건강하고 굳건한 관계가 없다면, 음악 사역은 항상 혼란에 빠질 것이다. 바꿔 말해서, 관계 속에 진실한 헌신과 위탁이 있다면 어떤 갈등이나 어려움도 예배팀을 분열시킬 수 없다.

시편 133편에서 하나님은 동거하는 형제들에게 축복을 주신다고 말씀하신다. 하나님이 말씀으로 주신 이 약속은, 우리 삶의 다른 영역에서와 마찬가지로 예배팀에 있어서도 분명히 적용되는 것이다.

---

* 탐 크라우터의 『50인의 예배 인도자 I』(좋서북스 역간)에서 인용(재번역)

4

하나 됨을
지키는 예배자

다른 이의 동기와 진심을 신뢰하라 45

"큰형 엘리압이 다윗이 사람들에게 하는 말을 들은지라 그가 다윗에게 노를 발하여
이르되 네가 어찌하여 이리로 내려왔느냐 들에 있는 양들을 누구에게 맡겼느냐
나는 네 교만과 네 마음의 완악함을 아노니 네가 전쟁을 구경하러 왔도다"
(삼상 17:28).

도대체 왜 다윗의 큰형이 다윗을 그토록 나쁘게 판단했을까? 다윗은 형들에게 음식을 가져다주고, 전쟁 소식을 가져오라는 아버지의 심부름을 하고 있는 중이었다. 그런데 엘리압은 다윗이 전쟁을 구경하러 왔다고 비난하고 있다. 심지어 다윗이 교만하며 마음이 완악하다고까지 말한다.

바로 앞장에서 사무엘은 이새의 집을 방문한다. 사무엘의 일은 하나님이 이스라엘의 다음 왕으로 세우신 사람을 찾는 것이었다. 하나님은 그 사람이 이새의 아들 중 하나라고 명확하게 보여주셨다. 첫째 아들 엘리압은 남들보다 키가 크고 잘생겼다. 사무엘은 엘리압이 자신이 찾던 사람이라고 확신했다. 하나님이 왕으로 선택한 사람은 분명히 외모가 뛰어나고 멋진 사람일 것이라고 생각했던 것이다. 그렇지만 하나님은 사무엘에게 "그의 용모와 키를 보지 말라 내가 이미 그를 버렸노라 내가 보는 것은 사람과 같지 아니하니 사람

은 외모를 보거니와 나 여호와는 중심을 보느니라"(삼 16:7)고 말씀하신다. 다윗을 제외한 이새의 모든 아들을 다 돌아본 사무엘은 뭔가 실수를 했다고 생각했다. 왜냐하면 그들 중에는 하나님이 찾으시는 사람이 없었기 때문이다. 사무엘은 자기가 하나님의 음성을 완전히 잘못 들었을지도 모른다고 생각했다. "아들이 더 있는가?" 사무엘이 이새에게 물었다. "가장 어린 아들이 하나 있지요. 그렇지만 지금 양을 치고 있습니다."

이새의 대답을 들었을 때, 사무엘은 마지막 가능성이 남아있다는 사실에 매우 감사했을 것이다. 그는 누군가가 양 치는 다윗을 찾으러 간 동안 기다리고 있었다. 마침내 다윗이 사무엘 앞으로 왔을 때, '중심을 보시는' 하나님은 사무엘에게 바로 그가 왕이 될 자라고 말씀하셨다.

하나님은 다윗 자신보다 다윗의 마음을 훨씬 잘 알고 계셨다. 그렇다면 도대체 왜 엘리압은 다윗의 마음이 '완악'하다고 말했을까? 이것은 분명히 주님의 생각이 아니라 다윗을 향한 엘리압의 질투였다. 어쨌든, 사무엘은 온 가족 앞에서 다윗에게 기름을 부었을 것이다. 이 꼬마 아이, 집안의 아기가 이스라엘의 왕이 될 것이라는 말에, '잠깐! 주님이 왜 내가 아니라 저런 작은 꼬마를 선택하시는 거지?'라며 엘리압은 쉽게 발끈했을 테고 원한에 가득 찼을지도 모른다. 충분히 상상할 만하다.

아니면 다윗은 전형적인 막내였을지도 모른다. "아빠! 엘리압 형이 괜히 나를 때렸어요!"

이새가 엄한 소리로 엘리압을 꾸짖는다. "엘리압! 도대체 동생을 괴롭히지 말라고 몇 번이나 얘기했냐? 저녁 먹는 동안 나가서 양떼를 지키도록 해라!"

가족 간에 일어날 수 있는 이런 전형적인 일들 때문에 엘리압은 다윗에 대해 실제와는 전혀 다른 이미지를 갖게 되었을지도 모른다. 엘리압은 동네 친구들이나 할머니가 다윗을 보는 것처럼 다윗을 바라보지 않았다. 다윗을 골칫거리 동생이라고 보았을 때 엘리압의 시각이 비뚤어지는 것은 당연하다.

예배팀 안에서 우리는 종종 어떤 사람의 말과 행동 때문에 그의 동기나 진심을 의심한다. 마치 엘리압이 그랬던 것처럼, 그 사람이 무례하거나 아니면 적대적이라고 생각한다. 목소리 톤이나 생김새나 태도 때문에 누군가의 동기에 대해서 의심할 수도 있다. '이 사람은 우리에게 노골적으로 피해를 주려 하고 있어.', '우리를 좋아하지 않아.' 이 외에도 그 사람에 대한 다양한 판단들을 내릴 수 있다. 하지만 정작 그 사람은 우리가 생각하고 판단하는 그런 사람이 아닐 수도 있다. 우리는 하나님이 보시듯 다른 사람의 마음을 볼 수 없지 않은가.

아무래도 우리는 사도 바울의 조언을 따라야 할 것 같다. "오직 겸손한 마음으로 각각 자기보다 남을 낫게 여기고"(빌 2:3). 다른 사람의 마음이나 동기들을 판단하지 마라. 그렇게 할 때 결국에 가서는 자신이 잘못 생각했다고 결론 내리게 될 것이다. 대개 우리는 진실과는 180도 정반대에 위치해 있기 때문이다.

그러므로 서로를 자기보다 낫게 여기고, 다른 사람들을 자신보다 소중하게 여기는 겸손의 마음을 가져야 한다. 그렇게 할 때 판단하는 태도는 자연스럽게 사라질 것이다.

4

하나 됨을
지키는 예배자

서로 돕고 격려하라 46

"이들이 다 그들의 아버지의 지휘 아래 제금과 비파와 수금을 잡아 여호와의 전에서
노래하여 하나님의 전을 섬겼으며… 이 무리의 큰 자나 작은 자나 스승이나 제자를
막론하고 다같이 제비 뽑아 직임을 얻었으니"

(대상 25:6, 8)

이 성경 구절이 보여주는 모습이 정말 멋지지 않은가! 작은 자나 큰 자나, 스승이나 제자나 모두 모여서 음악을 연주하고 있다. 상상할 수 있겠는가?

맨 앞줄 가운데 자리에는 예루살렘 교향악단에서 온 바이올린 수석 연주자가 앉아 있다. 그는 주위의 연주가들 사이에서 단연 돋보인다. 정말 이스라엘 최고 음악가다운 모습이다. 세계 최고라고 해도 손색이 없어 보인다.

바로 그 옆에는 14살도 채 안 되어 보이는 꼬마가 바이올린을 들고 앉아 있다. 아직 익숙하지 않아서인지 연주하면서 자주 실수한다. 그 때마다 바이올린에서 나는 유리잔 깨지는 소리에 수석 연주자는 심기가 불편하다. 수석 연주자는 속으로 '친구들이랑 그만 어울리고 집에서 연습이나 좀 더 하고 올 것이지'하며 얼굴을 찡그릴지도 모른다.

맨 왼쪽은 관악기 파트다. 나이든 원숙한 프렌치 호른 연주자는 분명 이곳에 올 만한 실력을 갖춘 듯하다. 그런데 이 프렌치 호른 연주자는 옆에 있는 두 명의 녹색머리를 한 젊은 트럼본 연주자를 보며 '저렇게 연주하다가는 슬라이드 관으로 서로 코를 치겠군'하고 생각한다.

맨 뒤쪽에는 위엄 있게 검은 턱시도를 입은 젊고 진지해 보이는 타악기 연주자가 있다. 그는 얼마 전 타악기 전공으로 석사 학위를 받았고 좋은 음악에 대해서 자기 의견이 뚜렷한 사람이다. 바로 오른편에는 팔에 문신을 가득 새긴 덩치가 크고 억세 보이는 40대 남자가 앉아 있다. 이 사람은 연주할 때 무조건 강한 리듬으로 쿵쿵 소리를 내는데 옆의 잘 차려입은 타악기 연주자와는 박자가 많이 어긋난다.

정말 볼 만한 광경이다. 마치 런던 심포니 오케스트라와 동네 아마추어 음악 밴드가 함께 연주하는 것 같다.

그런데 교회의 음악 사역도 대부분 이와 같다. 교회의 예배팀은 정말 다양한 사람들이 모인 볼 만한 무리다. 어떤 사람은 젊고, 어떤 사람은 나이가 많다. 어떤 사람은 악기에 관한 한 전문가인데, 또 어떤 사람들은 악기를 연주한 지 얼마 되지 않은 것 같다. 음악적인 취향뿐 아니라 실력에 있어서도 분명히 차이가 있다.

물론 이 때의 어려움은, 서로 다른 사람들이 어떻게 하나가 되어 일하느냐다. 가장 좋은 방법은 같이 일하면서 서로 좋아하게 만드는 것이고, 최소한 같이 일하면서 서로 원수가 되지는 않게 해야 한다.

내 경험에 따르면, 이런 문제에 대한 가장 좋은 해결법은 음악적으로 더 실력이 있는 사람들이 그만큼 실력이 없는 사람들을 격려해주는 것이다. 조금 더 실제적으로 말한다면, 우리 삶에 다음과 같은 몇 가지 태도가 있어야 한다.

첫째, 자만을 버려야 한다. 우리는 자신만큼 달란트가 없는 사람을 너무 쉽게 무시한다. 팀원을 도와주고 격려하기 위해서 최선을 다해야 한다고 생각하는 것에는 성숙함이 필요하다.

자만을 버리는 방법은 바로 자아에 대해 죽는 것이다. 예배팀의 일원으로서 '어떻게 하면 내가 가진 달란트들을 드러내 보일 수 있을까?'라는 태도를 버려야 한다.

그것보다는 '어떻게 하면 이 팀이 함께 최고가 될 수 있도록 도울 수 있을까' 하고 생각해야 한다. 즉, 실력이 있다면 실력이 부족한 사람에게 어떤 특정 찬양을 연주하거나 부를 때 더 잘할 수 있는 방법을 가르쳐주어야 한다.

상대가 잘 모르는 음악적인 개념을 설명해줄 때도 있을 것이다. 이 때 생색내는 태도를 가져서는 안 된다. 그 사람을 사랑하고 그가 하나님의 영광을 위해서 최선을 이루어낼 수 있도록 도와주어야 한다.

둘째, 음악적으로 더 실력이 있는 사람들이 다른 사람들을 이끌어갈 때 격려하는 태도를 가져야 한다.

나는 뛰어난 음악가들이, 불완전하게 연주하거나 노래하는 것을 참지 못하는 모습을 너무나 많이 보아왔다. 음악적인 기술이 자신만 못한 사람들을 대하는 그들의 태도는 마치 10대들이 엄지와 검지로 'L'자 모양을 만들어서 이마에 대는 것과 같다('L'은 실패자, 불한당, 인간쓰레기라는 뜻을 가진 'Loser'의 첫 글자로 경멸을 나타낸다 - 편집자 주).

예배 사역을 하기에 직접적으로 표현하지 않을지는 모르지만 마음속으로는 여전히 상대를 깔보는 경우가 있다. 우리는 이러한 마음을 버리고 서로 돕고 격려하는 태도를 가져야 한다. 사랑하고 돌봐주는 태도는 오랫동안 함께 사역할 다양한 실력을 가진 여러 팀원들을 돕는 데 큰 효과가 있을 것이다.

바울이 직접적으로 예배 팀원들에게 한 말은 아니지만, 다음의 성경 구절은 지금까지의 내용을 잘 요약하고 있는 것 같다. "아무 일에든지 다툼이나 허영으로 하지 말고 오직 겸손한 마음으로 각각 자기보다 남을 낫게 여기고 각각 자기 일을 돌볼뿐더러 또한 각각 다른 사람들의 일을 돌보아 나의 기쁨을 충만하게 하라"(빌 2:3~4).

4

하나 됨을
지키는 예배자

자신의 자리와 한계를 지키라 47

"내게 주신 은혜로 말미암아 너희 각 사람에게 말하노니
마땅히 생각할 그 이상의 생각을 품지 말고"
(롬 12:3).

신부의 들러리들이 통로를 따라서 모두 걸어 나왔다. 오르간은 '결혼 행진곡'의 첫 소절을 연주하기 시작했다. 문이 활짝 열리고 신부가 들어오는 순간, 모든 사람들은 놀랄 만큼 아름다운 신부의 모습에 숨이 막히는 듯했다. "정말 예쁘다!" "매우 아름다워!" 곳곳에서 이런 탄성들이 터져 나왔다.

    소리가 너무나 작고 부드러워서 자세히 들을 수는 없었지만, 신부의 눈에는 그런 속삭이는 하객들의 모습들이 들어왔다.

    갑자기 자신이 얼마나 아름다운지 깨닫기 시작한 신부는, 갑자기 한 손을 허리에 대고 사진사 앞에서 포즈를 잡는다. 그리고는 자신이 가지고 있던 부케를 던져 버리고 다른 손을 머리에 올리고는 사진사가 자신의 아름다움을 멋지게 찍도록 한다.

    그녀가 계속 이런 행동을 하자, 사람들의 시선은 신랑을 향한다. "신부 정말 예쁘지?"라는 찬사가 이젠 "오, 저 불쌍한 신랑 같으

니! 신부가 공주병에 걸린 것 같군!"이라는 말로 바꾼다.

정말 말도 안 되는 이야기 아닌가? 그러나 예배 사역에서 '흔히 볼 수 있는' 모습이다. 음악이 훌륭하고 팀원들이 은사가 있다는 이야기를 들을 때, 사역자들은 점점 교만해진다. 자신을 점점 높이는 것이다.

자신이 가진 은사와 재능들 때문에, 우리는 자신을 특별한 사람이라고 여긴다. 은사가 많으면 많을수록 이렇게 생각하기 쉽다. 수년 동안 가장 은사를 많이 받은 사람들을 관찰해본 결과, 그들에게 가장 힘든 것은 겸손을 유지하는 것이라는 사실을 알았다.

왜 그럴까? 그들이 주위에 있는 사람들과 비교해서 자신을 정말 특별한 사람이라고 생각하기 때문이다.

C. S. 루이스는 그의 고전 『순전한 기독교』에서 교만의 문제를 다룬다. 그는 다음과 같이 말한다.

'교만은 어떤 것을 가졌기 때문에 기뻐하는 것이 아니다. 단지 옆의 사람보다 더 가졌기 때문에 기뻐하는 것이다. 우리는 사람들이 부자가 되고, 지혜로우며, 잘생긴 것에 대해서 교만해 한다고 생각하지만, 사실 그렇지 않다. 사람들은 자신이 다른 이들보다 더 부자이고, 더 지혜롭고, 더 잘생긴 것에 대해서 교만한 것이다. 만약 모든 사람이 똑같이 부자가 되고, 똑같이 지혜롭고, 똑같이 잘생겼다면 교만할 만한 아무것도 없을 것이다. 비교가 사람을 교만하게 한다. 다른 사람들보다 더 나은 것에 대한 기쁨이다.'[6]

내가 무엇을 잘 한다고 생각하기 때문에 교만한 적은 한 번도 없다. 그렇지만 내가 어떤 것을 다른 사람보다 더 잘한다고 생각하기 때문에 교만으로 가득했던 때는 정말 많았다. 루이스가 비교라고 부르는 이 경쟁심은 우리의 본성적인 죄 안에 있다. 우리는 단지 어떤 것을 잘하는 것을 원하는 것이 아니라, 다른 사람들보다 더 잘하기를 원한다. 더 중요한 것은, 자신이 다른 사람들보다 더 낫다는 사실을 다른 이들이 알아주기를 원한다는 것이다.

사도 바울은 로마의 그리스도인들에게 "내게 주신 은혜로 말미암아 너희 각 사람에게 말하노니 마땅히 생각할 그 이상의 생각을 품지 말고"라고 권고한다. 또 계속해서 "오직 하나님께서 각 사람에게 나누어 주신 믿음의 분량대로 지혜롭게 생각하라"고 말한다. 헬라 어로 '지혜롭게 생각하라'는 말은 '옳은 판단을 하라'는 뜻이다. 바울은 '네 자신이 최고라는 환상을 갖지 마라. 자신을 정직하게 돌아보아라'고 말하는 것이다. 정말 솔직해 보자.

지금 하는 일에 당신이 다른 사람들보다 훨씬 뛰어날 수 있다. 그렇지만 하나님과 비교해 본다면… 글쎄, 우린 비교 상대조차도 안 된다.

시카고 근교의 윌로우 크릭 교회의 로리 롤랜드 음악 목사님은 이 문제에 대해서 다음과 같이 말한다.

"당신이 무엇을 하든지 히스기야처럼 행동하지 마라. 히스기야 왕이 죽을병을 앓게 되었을 때, 하나님은 그의 병이 나을 것을 약속

---

6 C. S. 루이스, 『순전한 기독교』(홍성사 역간)

하셨을 뿐 아니라 표징으로 태양이 정오부터 새벽까지, 즉 6시간이나 뒤로 가게 하셨다. 이 소식을 들은 이웃나라 바벨론에서 사자를 보내왔다. 바벨론 사람들은 태양을 섬기고 있었기 때문에, 그 때가 참 신이신 하나님을 소개할 수 있는 절호의 기회였다. 그렇지만 히스기야는 손님들을 보석 창고로 데려가서, 자신의 왕국에 있는 금과 은과 향료와 기름과 무기 등을 보여주었다. 하나님은 놀라운 일을 해주셨지만, 히스기야는 자기가 개인적으로 받은 트로피가 가득한 방을 보여준 것과 마찬가지다. 하나님은 우리의 삶에서 언제나 놀라운 일을 행하신다. 우리가 얼마나 훌륭한지에 대해서 사로잡혀 있지 말자. 이 모든 것이 하나님의 위대함과는 비교할 수 없기 때문이다."[7]

당신과 내가 우리의 모든 은사들을 모아서 섞은 다음에 거기에 또 다른 은사가 있는 수천의 사람들의 달란트를 더한다 해도, 우리의 가진 능력으로는 하나님을 감동시킬 수 없다. 우리가 가진 것을 하나님과 비교하는 것 자체가 불가능하다.

그러면 우리가 자랑스러워할 만한 것이 대체 무엇일까? 아무것도 없다. 그러므로 로마서 12장 3절의 "마땅히 생각할 그 이상의 생각을 품지 말고"라는 말씀을 마음에 꼭 새겨두라.

■

7 Rory Noland, *The heart of the artist*(Grand Rapids, Mich, : Zondervan Publishing, 1999). p. 64.

4

하나 됨을
지키는 예배자

예배의 본질에서 다양함을 발견하라 48

"너희는 어찌하여 너희 전통으로 하나님의 계명을 범하느냐"
(마 15:3).

어떤 사람이 그리스도인이 되겠다고 결정했다면, 그 다음에 결정할 것은 '어떤 그리스도인이 될 것인가?'라는 문제다. 이 말을 처음 들은 것은 러시아에서였지만, 사실 이 문제는 보편적인 것이다. 새로 회심하는 사람들이 어떤 '종류'의 기독교를 선택해야 할까?

어떤 교회든 찬양 예배를 처음 시작할 때에는 비슷한 딜레마를 겪는다. '어떤 종류의 예배를 받아들여야 할까? 현대적인 예배 스타일을 받아들여야 하나, 전통적인 스타일을 받아들여야 하나? 아니며 초신자들을 위한 예배 스타일로 가야 하나?'

또 현대적인 예배 스타일에도 다양한 종류가 있고, 전통적인 것에도 조금씩 다른 특색들이 있으며, '초신자들을 위한 예배'에도 정도의 차이가 있다. 게다가, '혼합된 스타일'로 가기로 결정했다 해도 그 비율을 정해야만 한다. 현대적인 스타일과 전통적인 스타일을 80 대 20으로 섞을 것인가, 아니면 30 대 70으로 섞을 것인가.

흠, 점점 복잡해지는가? 그렇다면, 당신은 회중들이 활발하게 반응하는 것을 보기 원하니까 회중들이 결정하게 하라!

불행하게도 어떻게 예배해야 하는지에 대한 많은 논란들은 개인적인 선호의 수준을 넘지 못한다. '만약 너무 현대적으로 가면 나이든 사람들이 떠나갈 거야.' '맞아. 그렇지만 또 너무 전통적으로 예배한다면 젊은이들이 떠나 버리겠지.' '아하, 알겠다. 전통적인 예배와 현대적인 예배를 따로 드리는 거야! 그러면 모든 사람들이 만족할 수 있지.'

개인적인 취향이 전혀 중요하지 않은 것은 아니지만 아주 중요한 것도 아니다. 이런 질문을 해보면 어떨까? "하나님, 이 문제에 대해서 말씀하기 원하시는 것이 있으세요? 결국 주님이 교회의 머리시니까요!" 그것이 정말 좋은 방법일 것이다!

다음 세 가지는 예배에 대한 성경적인 원칙들을 발견하는 핵심 요소다.

1. 신령과 진정으로 예배하는 것이 본질이다(요 4:24).
2. 예배는 인간의 전인격을 포함해야 한다는 것이 본질이다 (마 22:37).
3. 시와 찬미(찬송가)와 신령한 노래들로 하는 것이 본질이다 (엡 5:19, 골 3:16).

예수님이 예배에 대해 그리 많이 말씀하지는 않으셨지만, "예배하는 자가 영과 진리로 예배할지니라"고 말씀하신 것은 우리가 따라야 하는 것이다.

첫 번째 요소부터 살펴보자.

예수님은 "내가 정말 강하게 권고하건대 신령과 진정으로 예배해라. 그렇지만 네가 이것에 대해서 어떻게 생각하는지에 따라서 해라" 혹은 "청중들에게 적합하다면, 신령과 진정으로 예배하는 것을 고려해 보아라"고 말씀하지도 않으셨다.

당신은 말할 것이다. "알겠어요, 그런데 신령과 진정으로 예배한다는 것이 무슨 의미죠?"

'신령'으로 예배한다는 것은 세 가지 특징이 있다. 첫째 그리스도가 중심이다. 둘째, 예배할 힘은 하나님께로부터 나오지 자신에게서 나오지 않는다. 마지막으로, 인위적이지 않고 자연스러워야 한다.

요한복음 16장에서 예수님은 성령께서 예수님의 영광을 나타내실 것이라고 말씀하신다. 바울은 신령으로 예배드리는 자들을 "그리스도 예수로 자랑"하는 자라고 묘사한다. 이 모든 것들이 예수님에 대한 것이다.

'육'이란 하나님으로부터 분리된 인간의 능력을 말한다. 아니면 유진 피터슨이 쓴 『메시지 성경』(The message)에서처럼, '내 뜻대로 살겠다'는 옛 자아의 삶을 의미한다. 만약 하나님이 주시는 힘없이 예배드린다면, 그것은 예수님이 말씀하신 예배가 아니다.

우리는 성령님께 바람과 같은 특성이 있다는 것을 안다. 우리는 바람을 조종할 수도, 예측할 수도 없다. 주의 깊게 계획하는 것이 중요하지만, 비록 계획에는 없었더라도 성령께서 일하실 수 있는 여지는 남겨두어야 한다.

'진정'으로 예배하는 것에는 두 가지 특징이 있다. 첫째는 하나님의 말씀을 따라 예배하는 것이고 둘째는 진실한 마음으로 예배하는 것이다. 신약 성경에서 '진리'라고 번역되는 헬라 어 알레테이아($a\lambda\eta\theta\epsilon\iota a$)는 두 가지 의미를 가지고 있다. 즉, 예배의 '내용'뿐 아니라, 그것의 '실재'를 포함하는 것이다. 행위와 말을 통해서 나아가는 것은 쉽지만 마음으로 나아가는 것은 어렵다. 내적인 실재가 없이 외적으로 표현하는 예배는 하나님이 받지 않으신다.

두 번째 본질적인 요소는 예수님이 말씀하신 가장 큰 명령으로부터 나온다. "네 마음을 다하고 목숨을 다하고 뜻을 다하여 주 너의 하나님을 사랑하라." '다하여', 이것이 여기에서 가장 중요한 단어다! 예배란 하나님을 향한 우리의 사랑을 표현하는 것이기 때문에 하나님을 사랑하라고 명령받은 대로 예배해야 한다. 우리가 가진 전인격, 즉 지성·감정·영·신체적인 것들로 예배하는 것이다. 이것은 선택이 아니라 꼭 해야 하는 것이다.

예배의 세 번째 본질적인 요소는 골로새서와 에베소서에 나오는 바울의 가르침대로 시와 찬미와 신령한 노래들이다.

시로 노래하는 것이 반드시 시편의 구절들로 노래하라는 의미는 아니다. '시'(psalm)라는 용어는 노래라는 말처럼 일반적인 의미로, 또 구체적인 의미로 사용할 수 있다. 일반적인 의미로 사용할 때에는 시편에 찬송들이 포함되어 있는 것과 마찬가지로 찬송을 포함하는 것이다. 그렇지만 구체적인 의미에서는 시로 노래하는 것은 찬송과 구분된다. 시는 일반적으로 찬송보다 더 단순하고 짧고, 개인 고백적이며 덜 신학적이다.

위대한 찬미(찬송가)들은 세월이 지나도 변함이 없는 가치를 지닌다. 시는 그 시대의 말들을 포함하므로 시와 찬송가의 수명은 꽃과 나무의 수명에 비할 수 없다. 그렇지만 둘 다 하나님의 피조물이고, 어떤 것이 다른 것보다 더 중요하지는 않다.

'신령한 노래'는 일반적인 노래들보다는 어떤 순간에 불리는 노래다. 고린도전서 14장에서 바울은 영으로 찬미한다고 말하면서, 이것을 이성으로 찬미하는 것과 비교한다. 그리고 그는 이 두 가지를 다 한다고 말한다. 이런 '좀 덜 이성적인' 노래의 형태는, 성령의 인도하심에 따라서 사람들이 동시에 내는 멜로디와 말들로 구성되어 있고, 하나의 코드나 서서히 코드 진행에 따라서 노래하는 것이다. 이것은 우리들의 생각에는 이상해 보일지 모르지만, 초대교회의 예배에서 가장 중요한 부분이었다. 예배팀 연습 시간에 이런 신령한 노래를 배우는 시간은 꼭 필요할 것 같다.

이 세 가지 형태는 하나님이 다양함을 얼마나 좋아하시는지를 우리에게 보여준다. 하나님은 우리가 단지 한 종류의 연주만 하기를 원치 않으신다. 이런 하나님의 다양함을 연습하는 교회는 감정적인 사람들이나, 지성적인 사람들, 그리고 직관적인 사람들을 모두 끌어 안을 수 있을 것이다. 동시에 성경적인 예배는 우리 모두에게 예배의 더 큰 완전함을 표현하도록 도전할 것이다.

당신은 예배자의 서약에 참여할 준비가 되었는가? 그렇다면, 내 말을 따라하라. "나는 영과 진리로 예배할 것이다. 나는 나의 전 인격을 다해 예배할 것이다. 그리고 나는 시와 찬송과 신령한 노래들로 예배할 것이다."

4

하나 됨을
지키는 예배자

마음과 표현으로 서로를 사랑하라 49

"(사랑은) 모든 것을 참으며 모든 것을 믿으며
모든 것을 바라며 모든 것을 견디느니라"
(고전 13:7).

몇 년 전 겨울 시카고에서 사역하고 있을 때 날이 정말 이상할 정도로 추웠다. 밤이 되면 영하 45도까지 내려갔으니까….

어느 날 저녁, 나는 지역 뉴스 프로그램을 보고 있었는데 이전에 내가 한 번도 보지 못한 것을 보게 되었다. 그 프로그램은 야외에서 생방송으로 진행되고 있었는데, 기상학자가 비눗물로 비눗방울을 불었다. 그 사람이 미쳤느냐고? 아니, 그런 기괴한 행동을 한 데는 이유가 있었다.

비눗방울이 차가운 공기에 닿자마자 그 자리에서 얼어버렸다. 그리고 그 얼음 방울들을 기상학자가 터뜨리자, 마치 작은 수정들처럼 깨져버렸다. 정말 멋진 모습이었다.

우리 집이 있는 미주리의 세인트루이스 근교에 돌아왔을 때, 나는 똑같은 것을 해보고 싶었다. 시카고만큼 춥지는 않았지만 순식간에 비눗방울을 얼릴 만큼은 추웠다. 나는 잠옷을 입은 아이들에게 겨울 코트를 입히고는 (아내는 내가 정말 갈 데까지 갔다고 생각했다) 밖으로 데리고 나가서, 얼음 방울을 터뜨리는 것을 보여주었다. 아이들은 너무나 좋아했다. 방울은 수천 개의 아름다운 수정 조각이 되어 흩어졌다. 이제 다시 못 볼 그 수정 조각들이 땅으로 부드럽게 흩어지며 떨어지는 모습을 보며 우리는 한참을 즐거워했다.

원수는 그리스도의 몸 안에 하나 된 우리들을 갈라놓음으로써 큰 기쁨을 얻는다. 그의 목표는 우리가 나뉘어 약하게 되는 것이다. 우리가 그리스도의 몸에서 방향 없이 흩어져서 우리를 다시는 볼 수 없게 되는 것이 그의 최고의 소원이다.

오늘 아침 나는 디도서를 읽었다. 디도서는 바울이 "같은 믿음을 따라 나의 참 아들 된" 디도에게 쓴 짧은 편지다. 읽는 동안, 한 구절이 특별히 다가왔다. "이단에 속한 사람(a divisive person)을 한두 번 훈계한 후에 멀리하라. 이러한 사람은 네가 아는 바와 같이 부패하여서 스스로 정죄한 자로서 죄를 짓느니라"(딛 3:10~11). 바울은 이 구절에서 자신의 생각을 분명하게 말하고 있다. '부패'나 '정죄' 같은 단어는 특별히 더 설명이 필요하지 않다.

이 구절은 믿는 사람들이 어떻게 서로 관계해야 하는지에 대한 맥락 가운데서 나온다. 바울은 우리에게 분파를 일으키는 사람을 한두 번 타이르고 나서는 물리치라고 말한다.

그리고 계속해서 말하기를 이런 사람은 스스로 정죄한다고 말한다. 아주 강한 단어이다. 이런 규칙에 예외를 주는 것 같지도 않고, 이것이 용납될 만한 때가 있다고 생각할 여지도 주지 않는다. 이에 대한 어떠한 부연 설명도 없다. 그는 분파를 만드는 것은 죄라고 분명하게 말하고 있다.

우리는 모두 인간이기 때문에 죄에 대해서도 올림픽 경기에서 점수를 매기듯 순서를 매기려 한다.

예를 들면, 간음이나 교회의 재산을 횡령하는 것은 9.0점이나 그 이상의 점수를 준다. 그렇지만 분파를 이루는 것은 보통 2점이나 3점 정도만 준다. 우리는 이것이 다른 죄들만큼 심각하지 않다고 생각한다. 그렇지만 하나님은 우리가 사용하는 이런 기준들을 사용하지 않으신다.

갈라디아서 5장 19절부터 21절에는 "육체의 일"의 목록이 나온다. 물론 우상 숭배, 술수, 음행, 더러운 것, 호색, 원수 맺는 것과 같이 우리 모두가 알고 있는 죄들이 거기에 실려 있다. 그리고 그와 함께 분열, 분파, 당을 짓는 것이 목록에 올라와 있다. 이런 죄들은 다른 것들과 마찬가지로 주님이 싫어하시는 것들이다.

이 장 처음에 읽은 말씀에서, 사랑은 많은 일들을 한다고 말하고 있다. "모든 것을 참으며 모든 것을 믿으며 모든 것을 바라며 모든 것을 견디느니라." 내가 보기에 오늘날의 교회에서 이 구절이 의미하듯 "모든" 영역에서 참고 견디는 사람은 없는 것 같다. 만약 우리가 정말로 서로 간에 이런 태도를 가진다면, 즉 모든 것을 서로 참고, 모든 것을 서로 믿고, 모든 것을 서로에게서 바라고, 어려운 상황을 겪을 때 서로를 도와줌으로 모든 것을 견딘다면 지금 우리의 모습과는 사뭇 다를 것이다.

좀 구체적으로, 당신 개인과 당신이 섬기는 교회의 예배에 대해서 말해보겠다. 나도 창의적이고 예술적인 사람들이 서로 관계하기 어렵다는 사실을 당신만큼이나 잘 알고 있다.

그렇지만, 앞서 말한 것과 마찬가지로 성경 어디에도 우리가 서로 하나 되지 못하는 것을 용납해줄 만한 구절은 없다. 매우 까다롭고 대하기 어려운 사람들과 사역하는 것이 변명이 될 수 없다. 원수는 얼음 방울을 깨뜨리듯 우리를 깨뜨리려 한다.

바로 지금, 전능하신 하나님의 도움으로 분파를 일으키려는 생각들을 물리치겠다는 새로운 선언을 하라. 그리고 모든 것에서 서로에게 사랑을 표현할 수 있는 수준까지 나아가라.

5

삶을 예배로 바꾸는 법을 배우는 예배자

5

삶을 예배로
바꾸는 법을 배우는 예배자

본이 되는 삶을 살아가라 50

"범사에 네 자신이 선한 일의 본을 보이며 교훈에 부패하지 아니함과
단정함과 책망할 것이 없는 바른 말을 하게 하라 이는 대적하는 자로 하여금
부끄러워 우리를 악하다 할 것이 없게 하려 함이라"
(딛 2:7~8)

수년 전에 나는 사우스캐롤라이나에 있는 아이켄의 제일침례교회에서 음악 목사로 섬기고 있었다. 그 교회를 섬기는 동안, 9세부터 12세 아이들로 구성된 소년 합창단을 조직했다. 그리고 보통 어린 소년들에게 있는 여자아이들에 대한 배타성을 이용해서 '리허설 룸에 여성 출입금지'라는 규칙을 만들었다. (심지어 피아니스트도 남자였다.)

소년들은 캠핑을 가기도 했고 낚시 여행을 떠나기도 했으며 다른 많은 야외 활동에 참가했다. 열심히 노래 연습도 했다. 어린이 합창단은 곧 훌륭한 합창단으로 주 전체에 이름이 났다. 사우스캐롤라이나의 주도(州都)인 콜롬비아에 초대받아서 주 전체에 방영되는 TV에 출연하기도 했다. 이것은 꽤 명예로운 일이었다.

그런 경사스러운 자리에서는 목소리만 좋게 낼 게 아니라 멋있게 보이는 것도 중요하다고 생각했다. 그래서 나는 단합된 모습을 보이기 위해 아이들에게 파란색 상의를 사라고 했다. 심지어 독특한

문양의 마크를 만들어서 주머니에 꿰매어 달라고 했다. 아이들은 조금도 흠잡을 데 없이 단정해 보였다!

아이들과 많은 일들을 함께 했지만, 또 위의 경우처럼 주위의 관심을 받았지만, 정작 이 아이들의 삶에 내가 어떤 영향력을 미치고 있는지 가끔 궁금했다. 이 아이들은 내가 "조용히 해"라고 말한 것 말고 무엇을 기억할까? 오랜 기간 이 아이들을 대상으로 사역했다고 해서 이 아이들의 삶이 달라질까? 나는 자신할 수 없었다.

그런데 어느 주일 아침, 예배가 시작하기 직전에 있었던 일로 인해 나의 궁금증이 모두 풀렸다. 그 날 아침에 아이들이 교회에 도착하는 것을 보면서, 이렇게 잘 차려입은 아이들이 4일 전에 있었던 리허설 시간 바로 직전까지도 교회 앞마당에서 축구를 하던 그 시끄럽고 지저분한 꼬마들이라는 게 믿어지지 않았다. (음악 실력과 상관없이 그들은 아이들이었던 것이다.)

나는 성전으로 가다가 한 합창단 아이의 아버지와 마주쳤다. 그가 내게 물었다.

"레이본 목사님, 말씀드리고 싶은 게 있는데 해도 될까요?"

"그럼요." 나는 이렇게 대답하고는, 그 내용이 불평에 가까운 것이라는 사실을 몇 년 동안 음악 목사로 섬겨오는 동안에 깨달았기에 마음을 단단히 먹었다.

"목사님께서는 아무 잘못도 하지 않으시길 바랍니다."

"예, 제 자신도 그런 사람이 되기를 원합니다." 나는 이어서 물었다. "그런데 왜 그런 말을 하시는 거죠?"

그의 이야기는 다음과 같다. 그 날 아침에 교회에 도착했을 때, 그는 아들에게 차에서 내리기 전에 윗옷의 단추를 채우라고 했다. 그런데 이상하게도 그 아이는 단추를 채우려 하지 않았다. 왜 그러냐고 묻자 아이는 "레이본 목사님이 코트 단추를 어떻게 채우시는지를 보고 싶어요"라고 대답했다. 자기의 코트 단추가 나와 똑같은 방법으로 채워져 있기를 바란 것이다. 아이의 아버지는 "목사님은 무슨 일을 하시든 잘못하지 않으시기를 바랍니다"라고 다시 한 번 말하고는 가버렸다.

그가 던지고 간 말이 악의는 없지만 너무나 충격적인 것이어서 나는 잠시 앞만 쳐다보고 서 있었다. 그리고는 코트의 단추가 제대로 채워졌는지 계속해서 확인했다. 어떤 사람이 나를 보고 있을지 또는 내 이야기를 듣고 있을지 모르기 때문이었다.

예배 사역에 관련된 사람은 회중들에게 리더로 보이기 마련이다. 당신은 그것을 원하지 않을 수 있다. 게다가 다른 사람들이 당신의 행동과 말에 주의를 기울인다면 더더욱 원하지 않을 것이다. 그렇다고 해서 사람들이 당신을 리더로 보고 있다는 사실이 바뀌지는 않는다.

당신이 원하던 원치 않던 당신은 누군가에게 하나의 모델이다. 사람들은 당신이 코트 단추를 채웠는지 아닌지만 보는 것이 아니라 아이나 배우자에게 어떻게 대하는지도 보고 있을 것이다. 당신이 어떻게 운전을 하며, 피곤하거나 지쳤을 때 어떤 반응을 보이는지도 주의해서 볼 것이다.

사람들은 식당이나 쇼핑센터나 교회에 있을 때 당신이 어떻게 행동하는지 관찰할 것이다. 당신은 누군가의 모범이 된 것이다.

"범사에 네 자신이 선한 일의 본을 보이며… 우리를 악하다 할 것이 없게 하려 함이라." 이 말씀처럼 우리는 다른 이들에게 모범이 되기 위해 선한 일을 하는 데 의지적으로 노력해야 한다. 물론, 이것은 쉬운 일이 아니다. 그렇지만 대중 앞에 서서 눈에 띄는 사역을 하는 사람들은 꼭 해야만 하는 일이다.

5

삶을 예배로
바꾸는 법을 배우는 예배자

섬김의 예배를 드리라 51

"너희가 여기 내 형제 중에 지극히 작은 자 하나에게 한 것이 곧 내게 한 것이니라"
(마 25:40).

캘커타의 지저분한 뒷골목에 정체를 알 수 없는 문이 하나 있었다. 내가 제대로 도착했는지 확신할 수 없었다. 하지만 그 초라한 문을 들어섰을 때 사랑의 선교회(Missionaries of Charity) 회원들에게 환영받았을 뿐 아니라 예배가 무엇인지에 대해서 깊은 인상을 받았다.

테레사 수녀님은 우리가 흔히 교회에서 볼 수 있는 예배 사역자는 아니다. 그렇지만 1988년에 내가 그분을 만났던 때를 나와 같이 회고해 본다면, 예배자로서의 삶이 더 깊어지고 하나님의 기쁨을 더 많이 맛볼 수 있는 지혜를 발견하게 될 것이다.

나는 테레사 수녀님에게 돈 모엔과 같이 작업했던 '거룩하신 하나님(Give thanks)' 앨범과 켄트 헨리와 같이 작업했던 '그분의 이름에 영광을(Glorify thy name)' 앨범의 테이프, 그리고 내가 쓴 책을 선물로 드렸다. 그리고는 세계적으로 내가 어떤 예배 사역을 하고 있는지 충분히 설명했다. "그것은 온 땅 가운데 기쁨을 회복시키는 일이지요. 하나님이 그의 백성들에게 찬양의 옷을 입히셨습니다." 나는 하나님이 행하시는 일들에 대한 기쁜 소식을 전하면서 하나님의 신실한 종들에게 좀 더 훌륭하고 영광된 예배를 소개하고 있다고 내심 생각했다.

그녀의 눈빛은 따뜻했지만 감동받은 것 같지는 않았다. 그러면서 선물로 건네준 테이프들을 돌려주며 카세트가 없다고 말했다. 그런 오락거리(?)들을 곁에 두지 않기로 했다는 것이다.

나는 '새로운 노래들도 따라 부르지 못하면 어떻게 예배자가 될 수 있어!'라고 생각했다. 그래서 기세가 좀 꺾이기는 했지만 다시 평정심을 찾고 물었다. "어떤 종류의 음악을 좋아하세요? 악기는요? 빠른 곡을 좋아하세요, 아니면 느린 곡을 좋아하세요?"

그렇지만 내가 알게 된 것은 그들이 악기를 사용하지 않는다는 것이었다. 그들이 이른 아침에 드리는 예배 시간은 매우 경건했고 노래보다는 기도가 중심이었다. 평생 한 번밖에 없을 그분과의 대화는 이렇게 마치 서로 다른 언어로 말하고 있는 것같이 진행되었다.

그 때 나를 인도에 초대했고 테레사 수녀님과 만나게 해주었던 친구가, 예배가 수녀님께 어떤 의미를 가지는지 물어보라고 했던 말이 떠올랐다. 그래서 나는 수녀님께 물어봤다.

그러자 눈을 반짝이며 수녀님은 이렇게 대답했다. "당신이 정말로 하나님께 영광을 돌리고 그분에게 사랑을 드리고 싶다면, 그분이 이미 우리에게 어떻게 해야 할지 말씀해 주신 것을 보세요." 수녀님은 이어서 마태복음 25장에 나오는 예수님의 말씀을 읽어주셨다.

"너희가 여기 내 형제 중에 지극히 작은 자 하나에게 한 것이 곧 내게 한 것이니라." 수녀님은 '사랑의 선교회' 회원들이 캘커타의 길거리에서 나환자들에게 사역할 때, 마치 예수님께 예배하는 것처럼 한다고 말했다. 그리고 이렇게 권면했다. "만약에 예배드리는 마음으로 정말로 하나님께 사랑을 넘치게 드리고 싶다면 도움이 필요한 사람들에게 당신의 삶을 드리세요."

"테레사 수녀님, 내가 진정한 예배자가 될 수 있도록 기도해 주시겠습니까?" 내가 말했고 수녀님은 "당신이 나를 위해서 기도해주시면 저도 기도해 드리지요"라고 대답했다. 우리는 서로를 위해서 기도했다.

집으로 돌아오는 비행기 내에서 아마도 델리와 프랑크푸르트 사이 어딘가였던 것 같다 나는 히브리서 13장의 말씀을 읽었다. "그러므로 우리는 예수로 말미암아 항상 찬송의 제사를 하나님께 드리자 이는 그 이름을 증언하는 입술의 열매니라 오직 선을 행함과 서로 나누어 주기를 잊지 말라 하나님은 이 같은 제사를 기뻐하시느니라" (히 13:15~16).

목소리로 드리는 찬양과 함께, 자비와 아낌없는 나눔으로 드리는 이 같은 제사를 하나님은 기뻐하신다! 나는 '이 같은 제사로!'라는 주제로 예배 세미나를 하면 너무나 멋지겠다고 생각했다.

예수님이 달리셨던 십자가가 수직과 수평으로 이루어졌듯이, 그리고 하나님을 사랑하고 이웃을 사랑하라는 예수님의 최고 계명처럼, 우리는 위를 향할 뿐 아니라 밖을 향해서도 나아가야 한다. 하나님을 진정으로 예배하는 것은, 하나님을 소리 내어 찬양하는 것과 다른 사람들을 섬기는 것, 이 두 가지 요소를 포함한다. 이 둘 중에 하나만 있다면 예배를 불완전하게 표현한 것이다.

테레사 수녀님의 이야기를 교회에서 드리는 예배에 어떻게 적용할 수 있을까? 이렇게 새겨볼 수 있지 않을까? '예배란 노래 부를 때만 드려지는 것이라고 생각지 마세요. 남을 섬기는 것도 예배입니다. 우리의 삶이 주님께서 '작은 자'라고 부르신 이들에게까지 연결되어 있지 않다면 하나님이 찾으시는 바른 예배가 아닙니다. 어린아이, 힘없는 자, 갇힌 자, 태어나지 않은 뱃속의 아이 등 중요해 보이지 않는 사람들을 즐겨 섬길 때 하나님은 우리의 예배를 온전히 기뻐하실 것입니다.'

만약 예배팀에 속해 있으면서 공허함을 느끼기 시작했다면 연습을 잠시 멈추고 '작은 자'를 찾아 나섬으로써 당신이 얼마나 예수님을 사랑하고 있는지 말씀드리라.

5

삶을 예배로
바꾸는 법을 배우는 예배자

삶으로 예배하라 52

"선행을 배우며 정의를 구하며 학대 받는 자를 도와주며
고아를 위하여 신원하며 과부를 위하여 변호하라"
(사 1:17).

이 구절 바로 앞에서 하나님은 이스라엘 백성들에게 예배의 '행위'는 있지만 진정한 마음이 없다고 꾸짖으신다. 지난 몇 년 동안 나는 성경의 이 부분을 가르쳐 왔다. 그러던 어느 날 나는 "선행을 배우며 정의를 구하며 학대 받는 자를 도와주며 고아를 위하여 신원하며 과부를 위하여 변호하라"는 구절에는 초점을 맞추지 않았다는 사실을 깨달았다. 백성들이 예배에 대해서 바른 태도를 가지고 있지 않다고 꾸짖으신 다음에 말씀하신 것이 "선행을 배우라"는 것이었다. 그리고 학대 받는 자들을 도와주라고 말씀하셨고 고아를 위해서 신원하며 과부를 위하여 변호하라고 명령하신다. 내가 이해를 잘못한 것이라 생각하는가, 아니면 주님이 정말로 예배를 어떤 자비로운 행동과 연결하시는가? 우연의 일치라고 생각한다면 계속 읽어보자.

아모스 선지자가 대언한 하나님의 말씀이다. "내가 너희 절기들을 미워하여 멸시하며 너희 성회들을 기뻐하지 아니하나니 너희

가 내게 번제나 소제를 드릴지라도 내가 받지 아니할 것이요 너희의 살진 희생의 화목제도 내가 돌아보지 아니하리라 네 노랫소리를 내 앞에서 그칠지어다 네 비파 소리도 내가 듣지 아니하리라 오직 정의를 물 같이, 공의를 마르지 않는 강 같이 흐르게 할지어다"(암 5:21~24).

자비로운 행동을 하지 않는다면, 삶 가운데에 선행이 없다면 우리의 찬양은 의미 없다고 주님이 말씀하시지 않는가. 하나님은 우리의 말보다 행동에 훨씬 더 관심이 많으시다. 교회 안에 들어가 찬양을 부르지만 공의를 향해서 울부짖는 사람들의 소리에 귀를 막고 있다면 그 찬양이 무슨 가치가 있을까? 성경은 순종이 제사보다 낫다고 말씀한다(삼상 15:22).

몇 년 전부터 이 주제에 대해서 더 깊이 연구하기 시작한 이후로, 나는 하나님이 정말로 우리의 예배를 자비로운 행위들과 연결하고 계시다는 증거들을 점점 더 많이 발견했다. "하나님 아버지 앞에서 정결하고 더러움이 없는 경건은 곧 고아와 과부를 그 환난 중에 돌보고"(약 1:27). 놀라운 말씀이다. 여기서는 노래를 부르는 것이나 손을 드는 것에 대해서는 전혀 말씀하지 않으신다. 기도나 중보에 대한 언급도 없다. 순전한 경건은 어려운 상황에 있는 사람들을 돌보는 것이다.

서로의 어려움을 도와주라는 말 가운데에서 바울 사도는 하나님이 "서로 뜻이 같게 하여 주사… 하나님 곧 우리 주 예수 그리스도의 아버지께 영광을 돌리게"(롬 15:5~6) 하려 하신다고 말씀한다. 서로 짐을 나누어짐으로, 우리가 하나가 될 때 하나님이 영광 받으신다. 어려운 상황에서 서로를 도울 때 그것이 자연스럽게 하나님께 영광을 돌리고 그분께 예배하는 것이 되는 것이다.

나는 시편 68편에서 더 재미있는 구절을 찾아냈다. "하나님께 노래하며 그의 이름을 찬양하라 하늘을 타고 광야에 행하시던 이를 위하여 대로를 수축하라 그의 이름은 여호와이시니 그의 앞에서 뛰놀지어다 그의 거룩한 처소에 계신 하나님은 고아의 아버지시며 과부의 재판장이시라 하나님이 고독한 자들은 가족과 함께 살게 하시며 갇힌 자들은 이끌어 내사 형통하게 하시느니라 오직 거역하는 자들의 거처는 메마른 땅이로다"(시 68:4~6). 다윗은 하나님께 영광을 돌리면서 절망적인 상황 가운데 있는 사람들을 향한 하나님의 마음, 말보다는 행동에 훨씬 관심이 많으신 사랑스러운 하늘 아버지의 마음에 대해서 설명하고 있다.

'예배'는 주일날 아침 또는 일주일 내내 찬양을 하는 것 그 이상이다. 예배는 살아가는 방법이어야 한다. 이것은 우리가 말하고 행동하는 모든 것을 아우르는 것이며, 아주 작은 자비로운 행동들까지도 포함한다.

자비로운 행동들과 예배 간의 관계에 대해서 연구하던 어느 날, 나는 운전하면서 예배 테이프를 틀어놓고 하나님께 예배하고 있었다. 쭉 뻗은 고속도로를 달리고 있는데 차 한 대가 타이어에 펑크가 나서 길 옆에 서 있었고 길 반대편에서 한 중년의 여인이 걸어가고 있었다. 순간 돌아가서 그녀를 태워줘야 한다는 생각이 들었다. 그냥 가고 싶은 맘도 있었지만, 이것이 진정한 예배를 드릴 수 있는 완벽한 기회인 것 같았다. 나는 돌아가서 그녀를 태워 정비소까지 데려다 주었다. 가는 도중에 그녀가 우리 교회에서 두 집 건너 옆집에 살고 있다는 사실을 알게 되었다. 나를 소개한 후 나는 그녀를 교회로 초청했다.

나는 입으로 찬양을 부르면서 그냥 지나쳐갔을 수도 있었다. 그렇지만 곤란에 빠진 사람을 단순히 도와줌으로써 하나님께 영광 돌리기로 마음먹었던 것이다. 나는 그것이 진정한 예배자의 마음이라고 생각한다.

예배 컨퍼런스에서 나는 히브리서 13장 15절을 종종 나누곤 한다. "그러므로 우리는 예수로 말미암아 항상 찬송의 제사를 하나님께 드리자 이는 그 이름을 증언하는 입술의 열매니라." 이 구절은 종종 우리가 어떤 상황에 있든지 입으로 하나님을 찬송해야 한다는 사실을 사람들에게 설명할 때 인용된다. 이것은 분명히 맞는 해석이지만 거기에서 그친다면 이 구절의 숨은 뜻을 놓치는 것이다. 그 다음 구절에서 "오직 선을 행함과 서로 나누어 주기를 잊지 말라 하나님은 이 같은 제사를 기뻐하시느니라"고 말씀하신다. 목소리로만 하나님께 찬양과 예배를 드리는 것은 충분하지 않다. 하나님은 우리의 삶과 행동들을 원하신다.

이러한 도전을 해보겠는가? 주일 아침에 단지 목소리로만 찬양하는 것을 넘어 예배자의 삶을 살아가자. 우리 주위에 있는 모든 사람들을 위해 진정으로 하나님을 예배하는 모델이 되자. 복잡한 음악 연주에 사로잡혀서 하나님의 마음을 놓치지 않도록 하자. 하나님은 사람들에게 관심을 두신다. 우리의 예배는 교회의 벽을 넘어야 한다. 곤란에 처한 사람들에게 선행을 함으로써 하나님께 영광을 돌려드리자. 그것이 진정한 예배다.

---

* 탐 크라우터의 『우리의 예배를 받으시는 12가지 이유』(예수전도단 역간)에서 인용(재번역)

the
5
삶을 예배로
바꾸는 법을 배우는 예배자

순간을 예배로 바꾸라 53

"그런즉 너희가 어떻게 행할지를 자세히 주의하여 지혜 없는 자 같이 하지 말고
오직 지혜 있는 자 같이 하여 세월을 아끼라 때가 악하니라"
(엡 5:15~16).

당신은 지금보다 더 하나님을 예배하고 싶은가? 자신의 예배 생활에 100퍼센트 만족하는 사람은 아무도 없을 것이다. 우리는 나아질 수 있다. 하지만 어떻게 나아질 수 있단 말인가? 모든 사람에게는 정확하게 24시간이 주어졌다. 따라서 현재의 삶에 어떤 새로운 활동을 '추가'한다면 –예를 들면, 하나님을 예배하는 것– 먼저 현재 하고 있는 활동 중에 어떤 것을 '빼야' 한다. 아직 겁먹지는 마라. 각종 모임이나, 취미 활동, TV 시청 등을 그만두라고 말하는 것이 아니다(물론 하나님이 언젠가는 그렇게 말씀하실 수도 있지만 내가 지금 말하고 싶은 요지는 아니다).

우리는 어느 정도 휴식이나 기분 전환, 여가 활동 등이 필요하며 그런 것에 대해서 죄책감을 가질 필요는 전혀 없다. 당신이 어떻게 여가 시간을 보내는가는 당신이 알아서 할 일이다.

물론 때때로 우리의 우선순위를 점검해보아야 하지만 내가 지금 말하려고 하는 것은 그것이 아니다.

무엇을 빼지 않고는 다른 것을 추가할 수 없지만, 그것이 아니라 우리는 현재 살고 있는 삶의 모습으로 하나님을 더욱 예배하는 것을 배워야 한다.

주님을 예배하기 위해서 시간을 만들려면 어떤 일을 그만두어야 할까? 더 좋은 말이 없어서, 그것을 '흐리멍덩한 일'이라고 해야겠다. 우리는 매일매일 살아가면서 예배할 수 있는 엄청난 시간들을 흐리멍덩한 상태로 보낸다. 흐리멍덩하다는 게 무슨 뜻인지 다음의 물음들을 통해 설명해 보겠다.

어제 샤워할 때 무슨 생각을 했는가? 은행 창구에 서서 순서를 기다리고 있을 때 무슨 생각을 했는가? 면도하면서, 컴퓨터가 켜지기를 기다리면서는 무엇에 대해 생각하고 있었는가?

이 물음에 하나라도 답할 수 있는가? 대부분의 사람들이 전혀 기억도 못 한다. 당신은 이렇게 대답할지도 모른다. "무엇인가 생각하기는 했는데 중요한 것은 아니었고요. 그래서 오늘은 기억을 못하겠네요." 아마 그랬을 것이다. 그러나 솔직히 말해서 사람들은 대부분 그런 시간에 특별한 생각을 하지 않는다. 생각의 테두리 밖에 있었던 것이다. 정신적인 시간을 낭비하면서 흐리멍덩하게 있었던 것이다.

그런 것이 끔찍한 죄인가? 물론 그렇지는 않다. 그렇지만 우리가 주님을 예배할 수 있는 더 좋은 시간들이 매일매일 얼마나 많은지 알 수 있다. '영원에 해를 끼치지 않고 시간을 낭비할 수는 없다'라고 토러가 말했다. 흐리멍덩하게 보내는 시간을 줄이려고 노력하는 것은, 의식적으로 예배하는 데 시간을 들이고 싶어 하는 사람이

지불해야 할 대가다.

'하나님의 임재 연습'이라는 말을 만들어낸 중세의 로렌스 형제의 책을 읽어본다면 우리는 정말 큰 실수를 하고 있는 것이다. 우리는 보통 로렌스 형제는 훌륭하고 거룩한 사람이었기 때문에 접시를 닦으면서도 하나님의 임재를 연습할 수 있었다고 생각한다. 바꿔 말해서, 그에게는 일상 속에서 하나님의 임재를 연습할 만한 특별한 능력이나 달란트가 있었지만 우리는 그렇게 할 수 없다고 생각한다. 그러나 그렇게 생각한다면 그것은 분명 책임 회피다. 우리가 충분히 예배하지 못하는 것에 대한 단순한 변명일 뿐이다.

로렌스 형제가 접시를 닦으면서도 하나님의 임재를 연습할 수 있었던 것은, 대부분의 다른 사람들이 접시를 닦을 때 아무 생각을 하지 않는 것과 달리 그는 생각 속에서 의식적으로 예배하고 기도하고 노래하고 찬양했기 때문이다. 흐리멍덩하게 있는 것보다 예배하기로 선택한 것이다.

얼마나 많은 시간을 이렇게 보낼 수 있을까? 깊게 생각하지 않아도 자동적으로 할 수 있는 일들이 하루 중에서 얼마나 될까? 어떤 과학자들은 하루의 50퍼센트에서 70퍼센트라고 말한다. 말하고 글 쓰고 대화하는 것과 직접적인 연관이 없는 대부분의 일상이 이 범주에 들어가는 것이다. 그렇다면 어떻게 살아가든 매일 어느 정도의 시간은 흐리멍덩하게 보낼 여지가 있는 셈이다.

많은 시간을 이렇게 낭비하는 것에 대해 우리는 죄책감을 갖지 않는다. 그렇지만 이 작은 순간들을 이용할 수 있어야 한다. 위대한 기독교의 스승인 G. 캠벨 모건은 '모든 순간을 드림으로 1년을 하나님께 드리자! 한 해는 순간들로 이루어져 있다. 헌신함으로 하나하나의 순간들을 하나님께 드리자. 작은 것을 하나님께 드릴 때에 큰 것을 확실히 드릴 수 있다'라고 권고했다.

다시 한 번 말하지만, 쉬거나 오락을 하거나 기분 전환하는 시간을 말하는 것이 아니다. 그런 것들은 가치 있고 필요하므로 그런 시간을 갖도록 해야 한다. 그렇지만 흐리멍덩한 시간은 가치 있지도, 필요하지도 않다. 낭비일 뿐이다. 몸은 바쁘지만 생각은 비어 있는 백지 상태인 것이다.

그 시간들은 우리가 주님을 예배할 수 있는 순간이다.

---

* 패트릭 케버노프의 『우리의 삶은 하나님께 드리는 예배입니다』(브니엘 역간)에서 인용(재번역)

5

삶을 예배로
바꾸는 법을 배우는 예배자

말과 행동을 통해 예배하라 54

"형제들아 너희는 함께 나를 본받으라…"
(빌 3:17).

수 년 전에 처음으로 교회 예배팀에 베이스 연주자로 들어갔을 때, 사람들이 나를 예배하는 그리스도인의 귀감으로 여긴다는 것을 알았다. 그 때 내가 어떻게 반응했는지 지금도 기억하고 있다. 한 마디로 말해서 나는 그것이 싫었다. 내게는 본이 되고자 하는 생각이 추호도 없었다. 내가 예배팀에 들어간 이유는 단지 하나님이 주신 은사로 하나님을 예배하고 싶었을 뿐이었다. 그런데 내가 다른 사람들의 본이라니, 절대 그럴 수 없었다!

그리고 얼마 지나지 않아 나는 바울이 빌립보 교회의 교인들에게 보낸 편지를 읽게 되었다. "형제들아 너희는 함께 나를 본받으라 그리고 너희가 우리를 본받은 것처럼 그와 같이 행하는 자들을 눈여겨 보라"(빌 3:17).

나는 이렇게 고백했다. "글쎄요, 주님, 그건 사도 바울에게나 해당하는 이야기지요. 사람들이 저를 본으로 삼기를 바라시는 것은 아니시죠?" 그렇지만 곧 선택의 여지가 없다는 사실을 나는 깨달았다. 앞에 서서 사역하는 사람이라면, 베이스 연주자라 해도 사람들은 당신을 리더로 여긴다.

예배 인도자는 더욱 본이 되어야 한다. 그리고 사역을 하지 않는 때에도 리더십을 보여야 하며 모범이 되어야 한다. 어디에 있든지 무엇을 하든지, 사람들은 어떤 사람이 예배자인지 보기 위해서 당신을 관찰한다. 사람들은 당신이 공원에서 아이들과 놀고 있을 때 어떻게 행동하는지 보고 싶어 하며 문제가 생겨 백화점 관리인에게 소리를 지를 때에도 어떻게 행동하는지 주목한다. 어디에 있든 사람들은 당신의 행동을 주시할 것이다. 이러한 이유로 성경은 리더들에게 질서 있는 삶을 살라고 명하는 것이다(딤전 3:1~13). 본이 되는 것은 훌륭한 도덕성을 갖추는 것까지도 의미한다. 나는 사람들이 예배 인도자나 찬양 인도자 또는 그 외 다른 리더들에 대해서 "다른 사람은 괜찮지만 당신은 안 돼"라고 말하는 것을 많이 듣는다. 리더로서 당신의 삶은 본이 되어야 한다.

당신이 다른 사람들에게 본이 될 준비가 되어 있지 않으면 이런 말은 매우 낙담이 된다. (심지어 준비가 되어 있다 하더라도 낙담이 될 수 있다.) 다른 사람들의 모범이 되어야 하는 것을 좋아할 사람은 거의 없다. 그렇지만 마음에 들든 그렇지 않든 사역자는 다른 사람의 모범이 되어야 한다. 나는 이 사실에 대해서 갈등하기보다는 그냥 받아들이는 것이 훨씬 쉽다는 사실을 깨달았다. 만약에 사람들이 우리에게서 예배자의 참모습을 보지 못한다면 누구를 보겠는가?

다윗은 이스라엘 백성들 앞에서 하나님을 예배하는 모습을 보였을 때 이것을 분명히 알고 있었던 것 같다. "다윗이 여호와 앞에서 힘을 다하여 춤을 추는데 그 때에 다윗이 베 에봇을 입었더라 다윗과 온 이스라엘 족속이 즐거이 환호하며 나팔을 불고 여호와의 궤를 메어오니라"(삼하 6:14~15).

솔로몬 왕은 성전을 봉헌하면서 본이 되는 것이 중요하다는 사실을 알고 있었다. 솔로몬은 큰 강대상 앞에 무릎 꿇고 이스라엘의 회중 앞에서 하늘을 향하여 손을 펴고 기도했다(대하 6:13). 의심할 바 없이 왕은 사람들에게 기도하는 본을 보이고자 한 것이다. 그는 다른 사람들이 따를 수 있는 예를 보여준 것이다.

바울은 데살로니가 사람들에게 보내는 두 번째 편지에서 함께 하는 사람들과 자신이 데살로니가 교인들을 본받게 하려고 스스로 모범을 보인 것이라고 말한다(살후 3:9). 바울은 그 누구보다도 본으로 살아가는 것이 어떤 것인지 잘 이해했던 것 같다. 그가 처음부터 다른 이들의 모범이었을까? 아마도 아닐 것이다. 그가 그런 역할을 좋아했을까? 이것 역시 확실하지 않다. 그렇지만 확실한 것은 다른 사람들이 따를 수 있는 본이 되는 책임을 받아들였다는 것이다.

사람들은 당신이 하는 말뿐 아니라 당신의 행동을 통해서도 배우기를 원한다. '내가 하는 것을 하지 말고 내가 말하는 것을 하라'는 식의 사고방식은 버려야 한다. 예배 사역을 섬기는 사람들은 '예배는 살아가는 방식'이라고 말로만 외쳐서는 안 된다. 우리는 예배하면서 살아야 한다. 그리고 다른 사람들이 우리를 보고 예배자의 삶이 어떤 것인지 알 수 있게 살아가야 한다. 우리에겐 이러한 책임을 거절할 여지가 없다. 당신이 원하는지와 관계없이, 다른 사람들은 당신을 본으로 삼고 배워갈 것이다.

---

* 탐 크라우터의 『하나님의 손에 훈련된 예배 인도자』(예수전도단 역간)에서 인용-(재번역)

5

삶을 예배로
바꾸는 법을 배우는 예배자

예배자의 부르심에 견고히 서라 55

"너는 이같이 이스라엘 자손 중에서 레위인을 구별하라 그리하면 그들이
내게 속할 것이라 네가 그들을 정결하게 하여 요제로 드린 후에 그들이 회막에
들어가서 봉사할 것이니라 그들은 이스라엘 자손 중에서 내게 온전히 드린 바 된 자라"
(민 8:14~16).

의심할 여지없이 레위인들이 살아가는 목적은 하나님께 자신을 온전히 드리는 것이었다. 즉, 그들 자신이 하나님께 드려지는 제물인 것이다. 그들의 삶에 있는 다른 모든 일들은 부차적인 것에 지나지 않았다. 그들이 행하고 말하는 것은 하나님께 거룩히 구별되었고, 하나님께 그들이 속했다는 사실보다 더 중요한 것은 없었다.

오늘날의 찬양 사역자들이 레위 족속의 직계 후손은 아니지만 둘 다 음악 사역을 한다는 분명한 유사점 외에도, 하나님이 레위인에게 요구했던 것과 찬양 사역을 하는 우리에게 요구하는 것 사이에는 밀접한 관계가 있다. 하나님은 단지 재능 있는 음악인을 찾으시는 것이 아니라 우리의 마음을 원하신다. 우리 삶의 가장 주된 목적은 하나님의 영광이 되는 것이다.

에베소서 1장 12절은 우리에게 성도로서 "그의 영광의 찬송"이 되어야 한다고 말씀한다. 이것이 예배 인도자에게 얼마나 합당한 말

인가! 찬양 사역을 섬기는 우리들은, 성도들이 하나님의 영광을 위해서 존재한다는 사실을 보여주는 예가 되어야 한다. 그렇지만 우리는 종종 하나님의 일을 하느라 너무 바빠 하나님의 영광과 찬송이 되어야 한다는 사실을 잊어버린다. 하나님은 우리의 능력보다는 우리 자신에게 훨씬 더 관심이 많으시다. 우리가 살아가는 본질은 어떤 일을 하는 것이 아니라 하나님의 영광이 되는 것이다.

이 장을 시작하며 읽었던 성경 본문에서는 레위인들이 '전적으로 하나님께 드려졌다'는 사실을 분명히 보여준다. 역대상 16장 4절에서 6절을 보면 레위인들이 또한 매일매일 하나님 앞에 서 있었다는 사실을 알 수 있다. 가끔 가다가 하나님 앞에 나아갔다는 말이 아니라 삶 전체를 드려 하나님 앞에 머물렀다는 뜻이다.

하나님께 온전히 드리는 태도는 우리의 삶에도 배어 있어야 한다. 몇 년 전에 나와 아내는 집을 한 채 짓기로 했다. 지금은 교회에서 예배 인도를 하고 있지만 그 때는 베이스를 연주하고 있었다. 전임 사역자나 협동 사역자도 아니었다. 그 때 나는 우리 교회에서 40마일이나 떨어진 회사에서 판매원으로 일하고 있었다.

우리는 어디에 집을 지을지 결정해야 했다. 이사해 본 경험이 있는 사람은 잘 알 것이다. 우리는 집이 일터와 학교, 쇼핑센터, 그리고 고속도로에서 얼마나 떨어져 있는지를 고려했다. 그리고 전화, 전기, 쓰레기 수거, 개발 여부 등에 대해서도 심각하게 고려했다. 그렇지만 가장 결정적인 한 가지 요소는 바로 우리 교회에서 얼마나 떨어져 있는가였다. 일주일에 두세 번만 가면 됐고, 단지 베이스 기타만 치면 되었지만 하나님은 내게 레위인의 태도를 갖게 하셨다. 내가 살아가는 이유가 온전히 주님께 드리기 위한 것이라는 사실을 깨달은 것이다. 즉, 나의 모든 우선권이 하나님과 그분이 부르신 곳에 있는 것이다. 내가 하루에 80마일씩 달려서 출퇴근해야 한다는 사실을 비롯해 다른 모든 요소들은 이것에 비하면 아무것도 아니었다.

하나님으로부터 무엇인가를 얻고자 그렇게 한 것이 아니라 내 삶을 통해서 하나님을 영화롭게 하고 싶었다. 내가 대단한 사람이라는 사실을 알아주길 바라서가 아니라 하나님께 온전히 자신을 드리는 매일의 삶의 태도가 중요하기 때문이다. 내가 가진 모든 능력들과 내가 사용할 수 있는 모든 재능들은 하나님께 별로 중요하지 않을 수도 있다. 하나님은 내 삶을 원하신다. 내가 삶을 드리지 않으면, 하나님은 가능성 있는 다른 것들도 온전히 사용하지 않으신다. 우리 자신을 하나님께 드릴 때에는 조건이 없어야 한다. 종종 우리는 '하나님, 사람들이 저를 존경하게 만드신다면 저를 완전히 하나님께 드리겠습니다'라고 기도한다. 조건을 달면 하나님은 사용하지 않으신다.

하나님이 어떤 큰일에 우리를 사용하지 않으신다 해도 여전히 우리는 하나님의 소유자라는 사실이 중요하다. 어떤 상황이나 환경에 관계없고, 어떤 제한도 조건도 없다. 우리는 하나님께 온전히 드려진 그분의 레위인들이다.

---

* 탐 크라우터의 『하나님의 손에 훈련된 예배 인도자』(예수전도단 역간)에서 인용-(재번역)

5

삶을 예배로
바꾸는 법을 배우는 예배자

정결한 삶을 유지하라 56

"내가 나의 마음에 죄악을 품었더라면 주께서 듣지 아니하시리라"
(시 66:18).

아내와 함께 쇼핑을 하러 큰 백화점으로 갔다. 나는 살 것이 없었지만, 아내는 옷을 몇 가지 입어보고 싶어 했다. 그래서 할 일 없이 쇼핑 카트를 이리저리 밀면서 기다렸다. '예배하는 데 시간을 보내야 하는데.' 문득 이런 생각이 들어 나는 기다리는 동안 예배했다. 그렇지만 예배하는 것이 아니라 점점 아내에 대해서 조바심을 내고 있다는 사실을 곧 깨달았다.

다시 예배하려고 했지만 곧 기다리는 시간이 길어지는 데에 짜증이 났고, 동시에 예배는 멈추어 버렸다. 나의 전형적인 반응은 아내를 비난하는 것이었다. "예배하지 못하는 것은 다 아내 탓이야!" 그렇지만 하나님은, 진짜 문제는 내 안에 있다는 사실을 보여주셨다. 조바심이라는 나의 죄가 하나님과 나의 사이를 막고 있었던 것이다.

우리에게 고백하지 않고 회개하지 않은 죄들이 있다면 예배하려는 모든 시도들은 헛된 것이다. 예배라는 행위는 할 수 있을지 모르지만, 하나님과의 교통은 불가능하다.

진정한 예배를 위해서는 정결함이 매우 중요하다. 시편 24편 3절에 여호와의 산에 오르면서 아름답게 예배하는 모습이 그려져 있다. 바로 그 다음 절에 어떤 사람이 여호와의 산에 오르는지 말씀해 주고 있다. "여호와의 산에 오를 자가 누구며 그의 거룩한 곳에 설 자가 누구인가 곧 손이 깨끗하며 마음이 청결하며 뜻을 허탄한 데에 두지 아니하며 거짓 맹세하지 아니하는 자로다"(시 24:3~4).

"깨끗한 손"은 우리의 행동을 말한다. "청결한 마음"은 우리의 동기, 즉 우리의 행동 뒤에 숨어있는 보이지 않는 이유들을 가리키는 것이다. "뜻을 허탄한 데 두는" 것은 우리와 하나님 사이에 들어올 수 있는 모든 것을 말하는 것이다. 그리고 "거짓 맹세"하는 것은 우리의 언어 사용에서 가장 중요한 영역을 의미한다.

이런 네 가지 영역에서 정결함이 없다면 우리의 예배는 능력이 없다. 로렌스 형제가 쓴 『하나님의 임재 연습』이라는 책의 첫 장은 '삶의 위대한 정결함'에 대한 것이다. 앞에서 읽은 성경 구절에 근거해 보면 맞는 말이다.

그런데 우리 삶의 여러 영역에 다가오는 유혹의 문제는 평생을 두고 싸워나가야 할 문제다. 우리가 더욱 그리스도를 닮아가기를 원한다면 언제나 다음의 두 가지 방향대로 살아가야 할 것이다.

첫째, 언제나 죄가 없는 삶을 살도록 의식적으로 노력해야 한다. 자신의 성향을 정직하게 평가해 본다면 본성적으로 연약한 죄의 영역을 알게 될 것이다. 그래서 그런 영역들을 주의하여 피해야 하고, 지혜롭고 신뢰할 만한 사람들에게 죄의 유혹을 느끼는 특정한 영역에 대해 죄를 고백하고 나누어야 한다.

바울은 계속해서 우리들에게 죄를 피하라고 훈계하고, 어떤 때는 강력하게 "피하라"고 명하기도 한다. "음행을 피하라"(고전 6:18), "우상 숭배하는 일을 피하라"(고전 10:14), "청년의 정욕을 피하고"(딤후 2:22), "이것들을 피하고"(딤전 6:11)라고 명령한다.

우리는 죄의 근원들을 가차 없이 파내어 버려야 하고, 그것을 덮어두어서는 안 된다. 이 원칙은 내가 문장을 쓰기 위해 사용하는 컴퓨터 자판으로 좀 더 분명하게 설명할 수 있다. 예를 들어서 이름을 "패트릭"이라고 쳐야 하는데 "패스릭"이라고 잘못 쳤다면 어떤 음절을 더 넣더라도 잘못된 단어를 고칠 수 없다. 먼저 "스"를 빼내야, 즉 근원을 파내어 버려야 문제를 고칠 수 있다.

둘째, 정기적으로 하나님께 고백하는 시간을 들여야 한다. 내가 죄를 피하는 것을 중요하게 평가하는 만큼, 이런 일이 분명히 일어날 것이라는 사실도 먼저 경고를 해야겠다. 다행스럽게도 하나님은 우리가 피할 수 없는 이러한 악순환 가운데서도 해결 방법을 만들어 두셨다. 이것을 '고백'이라고 부른다. 즉, 하나님께 용서를 구하는 것을 의미한다.

우리 삶에서 계속되는 사악한 행동들은 하나님을 예배하는 삶 한가운데에 아무도 통과할 수 없는 벽을 만들어 간다. 존 번연은 『천로역정』에서 "구멍 하나가 배 전체를 가라앉게 하고, 죄 하나가

한 명의 죄인을 파괴해 버린다"고 말한다. 당연히 우리 모두는 매일 죄를 짓는다. 그렇기 때문에 우리는 항상 자기를 돌아보고 회개하여 하나님과의 문제를 빨리 해결해야 한다. 우리의 삶에서 죄가 있는 영역들을 먼저 경계하고, 잘못했다면 회개하며, 하나님의 도우심과 용서를 위해서 기도해야 한다. 시편 19편 13절에서 다윗은 "주의 종이 일부러 죄를 지을세라 막아주셔서 죄의 손아귀에 다시는 잡히지 않게 지켜 주십시오"(표준새번역)라고 기도한다.

다윗은 또 이렇게 고백한다. "내 허물을 여호와께 자복하리라 하고… 곧 주께서 내 죄악을 사하셨나이다"(시 32:5). 사람들이 세례요한의 가르침을 듣고 회개할 때, 그들은 "죄를 자복하고"(마 3:6) 나서야 세례를 받을 수 있었다. 성경은 또한 "만일 우리가 우리 죄를 자백하면 그는 미쁘시고 의로우사 우리 죄를 사하시며 우리를 모든 불의에서 깨끗하게 하실 것이요"(요일 1:9)라고 보증한다. 이러한 놀라운 과정을 통해서 우리는 "눈처럼 하얗게" 씻음 받을 수 있고, 진정한 예배를 통해서 하나님께 나아갈 수 있다.

---

* 패트릭 케버노프의 『우리의 삶은 하나님께 드리는 예배입니다』(브니엘 역간)에서 인용 (재번역)

5

삶을 예배로
바꾸는 법을 배우는 예배자

먼저 하나님을 구하라 57

"그가 여호와를 찾을 동안에는 하나님이 형통하게 하셨더라"
(대하 26:5).

이 성경 구절은 유다의 왕이었던 웃시야라는 사람에 대해서 말한다. 웃시야 왕은 16세 때 왕위에 올랐다. 사실, 그의 할아버지가 왕위에 오른 때와 비교한다면 웃시야는 성숙한 편이었다. 그의 할아버지 요아스는 7세 때 왕이 되었다.

웃시야라는 이름은 성경 곳곳에서 나온다. 이사야서 6장에서 이사야 선지자는 주님을 보게 된다. "주께서 높이 들린 보좌에 앉으셨는데 그의 옷자락은 성전에 가득하였고"(사 6:1). 그런데 바로 이 구절은 "웃시야 왕의 죽던 해에"로 시작한다. 이 사람이 바로 역대하 26장에 기록된 웃시야 왕이다.

왕위에 올랐을 때 웃시야는 하나님을 잘 따랐다. 하나님은 웃시야 왕이 수많은 전쟁에서 적들을 이길 수 있도록 해주셨다. 30만 명의 잘 훈련된 그의 군대는 어떤 적도 이길 수 없을 정도로 강력했다. 성경은 그가 최소한 네 개 이상의 민족들을 이겼다고 기록하고 있다. 전쟁에서 그가 사용한 무기인 큰 활과 투석기로 그는 먼 나라에까지 이름을 떨쳤다.

또한 주님은 웃시야 왕에게 지혜를 베풀어서 왕국 안의 많은 일들을 잘 처리할 수 있도록 해주셨다. 유다는 분명히 경제적인 부를 누렸고 웃시야와 백성은 매우 번성했으며, 명성도 퍼졌다. 하나님의 축복으로 인해 모든 것이 웃시야에게 유리했다.

그런데 역대하 26장 16절 말씀에서 "그가 강성하여지매 그의 마음이 교만하여"라고 기록한다. 이런! 당신이나 나나 이와 비슷한 이야기를 얼마나 많이 들어보았는가! 하나님은 사람들을 놀라운 방법으로 축복하신다. 경제적으로 매우 부유해지기도 하고, 음악이나 사역적인 은사들이 많이 드러날 수도 있다.

하나님은, 항상 섬기는 태도를 가진 사람들에게 그들을 크게 쓰고 드러낼 능력이 있는 사람들을 붙여주시기도 한다. 그러나 누군가 알아주기 시작하면, 사람들은 대부분 자신이 어떻게 그곳에 이르게 되었는지를 망각한다.

어쩌면 이런 일이 당신에게 일어났는지도 모르겠다. 모든 것이 우리에게 좋은 대로 잘 돌아가게 되면, 우리는 자신이 정말 특별한 사람이라고 생각한다. 마음속으로 '당연히 나를 알아주어야지. 내가 한 일들을 보라구. 내가 성취해낸 일들을 봐!'라고 생각한다. 그렇지만 바울은 로마의 그리스도인들에게 보낸 편지에서 "생각할 그 이상의 생각을 품지 말고"(롬 12:3)라고 했다.

자신에게 주님께서 주신 어떤 좋은 은사가 있다는 사실을 깨닫거나 다른 사람들이 일깨워주기 시작하면 우리는 그 은사를 더 많이 받는 데 정신을 빼앗긴다. 우리는 권력, 쾌락, 그리고 우리의 성취가 가져오는 다른 사람들의 인정을 더 사랑하게 된다. 그래서 은사를 주신 분을 찾기보다는 은사 자체를 구하는 데 더 마음을 빼앗긴다. 하나님보다 자신에게 집중하는 것이다.

"그가 여호와를 찾을 동안에는 하나님이 형통하게 하셨더라." 성경은 분명히 웃시야 왕의 놀라운 성공을 기록하고 있다. 하지만 그것은 하나님을 구하는 동안에만 일어났던 일이다. 그가 하나님을 구하기를 멈추자, 성공은 '픽' 하는 소리를 내면서 멈추었다.

내가 보기에 웃시야는 행운아였다. 하나님은 웃시야가 정신을 차릴 수 있도록 메시지를 보내셨다. 성공하지 못하게 하심으로 그를 깨우치길 원하셨던 것이다.

당신도 이런 행운을 경험했는가? 늘 그렇지는 않은 것 같다. 하나님을 구하는 것을 멈추었다고 항상 실패를 겪는 것은 아니다. 오히려 계속해서 성공하기 때문에 웃시야가 받았던 것 같은 경고의 메시지를 받지 못한다. 그렇지만 하나님은 여전히 우리에게 경고의 메시지를 보내신다. 웃시야의 삶은 모든 그리스도인들에게 분명한 경고가 된다. 하나님을 구하라!

예수님은 마태복음 6장에서 먹을 것이나 입을 것에 대해서 걱정하지 말라고 하셨다. 그리고 공중의 새나 들의 백합화를 보라고 말씀하셨다. 새와 백합화는 아무런 걱정이 없다. 너무나 훌륭한 옷을 입고 먹을 것을 먹고 있었기 때문이다. 그런데 너희는 왜 걱정하느냐고 예수님은 우리에게 물으신다. 그리고 "너희는 먼저 그의 나라와 그의 의를 구하라 그리하면 이 모든 것을 너희에게 더하시리라"(마 6:33)고 말씀하신다. 만약 하나님과 그의 나라를 먼저 구하면, 현세에서의 필요들도 얻을 수 있을 것이라고 우리에게 약속하시는 것이다.

다른 것들을 구하지 말고 오직 하나님만을 구해야 한다. 재미있는 것은 우리가 하나님을 먼저 구하면 다른 것도 얻을 수 있게 된다는 사실이다. 반대로, 다른 것들을 구하면 아무것도 얻지 못할 수도 있다.

주님이 당신에게 주신 은사나 달란트를 자랑하지 말고 겸손히 계속해서 하나님을 구하라. 은사가 아니라 은사를 주시는 분을 구하라!

5
삶을 예배로
바꾸는 법을 배우는 예배자

하나님이 일하시게 하라 58

"내가 믿는 자를 내가 알고 또한 내가 의탁한 것을
그 날까지 그가 능히 지키실 줄을 확신함이라"
(딤후 1:12).

나는 비행기를 많이 타지만 아직 짐을 몽땅 잃어버린 적이 없으니 꽤나 행운아인 셈이다. 자기 짐을 잃어버린 사람들을 많이 보았지만 내 것은 결국 나타난다.

비행기를 타고 여행할 때 짐을 잃어버리는 이유는 크게 두 가지인 것 같다. 첫째는 공항에서 짐을 지키고 있지 않다가 다른 사람이 들고 가는 경우다. 다음과 같은 장면을 상상할 수 있다.

화장실에 다녀오니까 짐이 없어졌다. 나는 공항 직원에게 가서 내 가방이 없어졌다고 말한다. 그는 가방이 어떻게 생겼는지, 그리고 그 안에는 무엇이 들었는지 등을 물어본다. 그리고 마지막으로 본 것은 언제였는지도 물어본다.

"화장실 가기 전에 저 의자 옆에 놓아두었어요. 그런데 와 보니 없어졌네요."

"아, 알겠습니다. 그 가방에 대해 안내 방송을 하고, 누가 보관

소로 가져왔는지 한번 알아보죠. 그렇지만 아무래도 찾기는 어려울 것 같군요." 공항 직원은 이렇게 대답한다. 가방을 잃어버린 것이 나의 부주의함 때문이라는 사실을 알고는 도와주려 하지 않는 것 같다.

가방을 잃어버리는 또 다른 이유는, 항공사 직원의 실수 때문이다. 이런 일이 나에게도 일어났다. 그래서 내가 어느 공항에서 출발했는지 설명하고 수화물 영수증을 보여주면, 항공사 직원은 이전 상황과는 다르게 나를 도와주려 한다. 그들은 내가 어디에 머무를지를 물어보고, 그 날이나 다음 날 아침까지는 항공사 부담으로 가방을 가져다주겠다고 약속한다. 이 상황은 처음 장면과는 전혀 다르다. 왜 그럴까? 내가 가방을 그들에게 맡겼으므로 책임이 그들에게 있기 때문이다.

우리 자신을 하나님께 맡길 때, 하나님이 우리를 책임지신다. "내가 믿는 자를 내가 알고 또한 내가 의탁한 것을 그 날까지 그가 능히 지키실 줄을 확신함이라." 우리는 자신을 하나님의 손에 맡겨드리고 그분의 신실하심이 우리를 지키실 것이라는 사실을 신뢰해야 한다. 성경은 이런 위탁이 한 번으로 끝나는 것이 아니라고 분명히 말씀한다. 우리는 반복해서 계속 위탁해야 한다. 하나님이 모든 면에서 좋으신 분이라는 것을 계속 신뢰해야 한다. "너희는 너희 자신의 것이 아니라 값으로 산 것이 되었으니"(고전 6:19~20)라는 성경 구절을 이해하라. 이러한 전적인 순종은 중요하다. 그러나 또한 하나님께 철저히 순복함으로 그분과 동행하기 위해서는 매일매일의 위탁이 필요하다.

사도바울은 "그러므로 형제들아 내가 하나님의 모든 자비하심으로 너희를 권하노니 너희 몸을 하나님이 기뻐하시는 거룩한 산 제물로 드리라 이는 너희가 드릴 영적 예배니라"(롬 12:1)고 말한다. 나는 매일 이런 일을 해야 한다고 생각한다. 만약 당신이 아침에 일어나서 '주님 오늘 하루 동안 나는 주님의 것입니다. 내가 어디를 가든, 무엇을 하든 주님을 제 삶 가운데에서 높이기 원합니다. 주님께 제 자신을 기꺼이 드리기를 원하고, 주님이 제 안에서 일하시기를 원합니다'라고 매일 기도한다면 어떤 일이 일어날까? 매일 아침마다 이렇게 전심으로 기도한다면 분명히 당신의 삶에 변화가 일어날 것이다!

우리는 우리 몸을 '거룩한 산 제사'로 드려야 한다. 그렇지만 이것만으로는 충분하지 않다. 누군가가 산 제사가 가지는 문제는 그 제물이 제단에서 자꾸 기어 내려오려고 하는 데 있다고 했다. 당신의 삶에서도 이런 일을 경험한 적이 있는가? 하나님께 자신을 위탁하는 것, 자신을 하나님께 드리는 것은, 매일 매순간마다 지속적으로 결단해야 하는 것이다.

겟세마네 동산에서 예수님은 "나의 원대로 마시옵고 아버지의 원대로"(마 26:39) 하기 위해 세 번이나 기도하셨다. 예수님은 분명히 아버지께 자신을 드린 삶을 살았지만, 특별한 시간에 다시 한 번 자신을 하나님께 드린 것이다.

그러나 그 날과 그 다음 날, 예수님의 상황은 더욱 어려워졌다. 재판과 모욕과 비난과 매질, 그리고 결국에는 십자가가 있었다. 예수님의 마음은 너무나 상했을 것이고, 너무나 견디기 힘든 시간이었을 것이다. 베드로는 이 때 예수님의 반응을 그의 첫 번째 편지에서 기록한다. "욕을 당하시되 맞대어 욕하지 아니하시고 고난을 당하시되 위협하지 아니하시고 오직 공의로 심판하시는 이에게 부탁하시며"(벧전 2:23).

우리도 그렇게 해야 한다. 계속해서 우리 자신을 하나님께 맡겨야 한다. 하나님은 우리가 그분께 자신을 내어드릴 때 우리를 인도하실 것이라고 약속하셨다. "너의 행사를 여호와께 맡기라 그리하면 네가 경영하는 것이 이루어지리라"(잠 16:3). "너는 범사에 그를 인정하라 그리하면 네 길을 지도하시리라"(잠 3:6).

우리 자신을 주님께 드릴 때에 하나님은 우리 안에서 자유롭게 일하신다. 모든 걱정을 하나님께 맡길 때 하나님은 마치 우리의 잃어버린 수화물을 열심히 찾는 항공사 직원처럼 우리의 것들을 돌보실 것이라고 디모데후서 1장 12절을 통해 약속하고 계신다.

예배 사역에서 섬기는 우리들 또한 우리 자신뿐 아니라, 은사와 능력과 받은 달란트를 주님께서 사용하시도록 맡겨야 한다. 하나님께 계속해서 자신을 드리게 되면, 하나님은 우리 안에서 일하실 기회를 더 많이 갖게 되신다. 하나님께 드린 제단에서 자꾸 내려오려 하지 말고 주님께 온전히 헌신하라. 그러면 하나님의 계획이 우리의 계획이 되고, 하나님의 생각이 우리의 생각이 된다.

그리고 마치 겟세마네 동산에서 예수님이 기도하신 것처럼, 하나님의 뜻이 우리의 뜻이 된다. 정기적으로 하나님의 손에 자신을 위탁하면, 하나님이 우리에게 훨씬 더 가까이 오실 수 있다. 이런 삶은 예배를 인도하는 사람들에게 매우 중요하다.

---

* 탐 크라우터의 『오, 성장하라!(Oh, Grow up!)』(Lynnwood, Wash. : Emerald Books, 2001)에서 인용

5

삶을 예배로
바꾸는 법을 배우는 예배자

어디서나 예배하기로 결정하라 59

"무리가 일제히 일어나 고발하니 상관들이 옷을 찢어 벗기고 매로 치라 하여
많이 친 후에 옥에 가두고 간수에게 명하여 든든히 지키라 하니 그가 이러한
명령을 받아 그들을 깊은 옥에 가두고 그 발을 차꼬에 든든히 채웠더니
한밤중에 바울과 실라가 기도하고 하나님을 찬송하매 죄수들이 듣더라"
(행 16:22~25).

바울과 실라가 '예배 인도자'라고 언급된 적은 없었지만, 이 놀라운 구절로부터 예배에 대한 중요한 진리를 얻을 수 있다.

상상해 보라. 당신과 당신의 동역자가 예수 그리스도의 복음을 전하면서 수천 리를 여행했다. 이제 빌립보라는 도시에 도착했는데, 그곳에서 사람들이 복음에 대해서 반응하는 것을 보기 시작한다. 하루는 어떤 여종에게서 귀신을 쫓아내었다. 그런데 그 여종의 주인은 자신이 이제 돈 벌 방법이 없어졌다는 것에 화가 나서 당신을 끌고 관원에게로 간다. 그럴싸한 재판에서 잘 조작된 거짓말을 사람들이 늘어놓자, 군중들은 당신에게서 등을 돌리고 관원은 당신을 묶고 매를 때린다. 지치고, 멍들고, 외롭게 감옥으로 던져져 도둑과 살인자와 반역자들과 함께 있다. 당신의 발에는 차꼬가 채워졌고, 간수는 당신의 행동을 감시한다.

괴로운 시간이 흘러서 이제 자정이 되었다. 당신은 무엇을 하

겠는가? 내가 그런 상황에 처했다면, 눈을 좀 붙여서 육체의 고통을 잊으려 하고 예배하려는 생각은 꿈에도 하지 못했을 것이다. 그렇지만 바울과 실라는 달랐다. 그들은 자정에 감옥에서 '하나님을 찬미'했다. 이들에게서 우리가 무엇을 배울 수 있을까?

1. 예배는 언제나 드리는 것이다. 우리는 얼마나 자주 하나님이 주일 아침이나 수요일 저녁 외에는 예배에 관심이 없다고 생각하는가! "내가 주의 의로운 규례들로 말미암아 밤중에 일어나 주께 감사하리이다"(시 119:62). 분명히 바울과 실라는 성경말씀을 받아들였다. 우리 또한 밤중이나 대낮이나, 새벽이나 저녁 어스름이나, 그 어느 때나 놀라운 하나님의 영광을 높일 수 있다.

2. 예배는 어느 곳에서나 드리는 것이다. 교회 건물의 어떤 특정한 부분들이 예배의 분위기를 더 돋우어준다는 것이 흥미롭지 않은가? 스테인드글라스라든지, 뾰족탑, 제단, 교회 의자 등 이 모든 것들이 우리의 마음과 뜻을 하나님께로 인도하는 것 같다. 분명히 그러한 디자인이나 장식으로 교회 건물을 꾸미면, 모여서 하나님께 예배할 때에 하나님의 성품들을 더 강하게 느낄 수 있는 것 같다. 그러나 건축이 중요하기는 하지만 결정적인 것은 아니라는 사실을 우리는 기억할 필요가 있다. 진정한 예배자는 주위 환경이 어떻든 예배할 이유들을 찾아낸다. 더럽고 어두운 감옥 한가운데에서도 바울과 실라는 복음의 영광된 빛에 사로잡혔다. 그들이 교회 건물 안에 있

기 때문이 아니라 그들 자신이 교회였기 때문에 찬양의 소리를 낼 수 있었던 것이다. 하나님과의 관계를 이런 식으로 보게 되면, 우리가 있는 곳이 어디든 그곳을 예배하는 집으로 바꿀 수 있을 것이다.

3. 예배는 모든 상황에서 드리는 것이다. 모든 것을 고려한다면, 예배를 인도하는 것은 우리가 하는 일 중에서 제일 쉬운 것 중 하나다. 매 주일마다 사람들 앞에 서서, 하나님의 선하심과 위대하심을 선포하는 예배에 참여하도록 사람들을 격려하는 일을 마다할 사람이 어디 있겠는가? 하지만 정말 어려운 일은 예상치 못했던 계산서가 날아들거나, 고질병으로 고생하거나, 직장 동료 때문에 짜증날 때 생긴다.

하나님은 그러한 어려움을 통해서 우리 마음의 진정한 초점과 방향을 드러내 보이길 원하신다. 만약에 하나님의 주권이 내 삶을 다스리신다는 것을 확신한다면, 하나님의 놀라운 능력이 내 상황을 주관하실 것이라고 확신한다면, 내 삶의 모든 날까지 하나님이 내게 선한 일을 베푸시길 원하신다는 사실을 동요하지 않고 믿는다면, 나는 어떤 상황에서든지 하나님을 진정으로 예배할 수 있다.

4. 예배는 하나님께 드리는 것이다. 바울과 실라는 복음적인 콘서트를 열었던 것이 아니라 예배를 드리고 있었다. 복음을 인해 받는 고통을 그들은 기쁨으로 받아들였고, 하나님께 감사드렸다. 그들이 찬양하는 목적은 오직 하나님이었다. 우리는 다른 사람들을 위

해서 예배를 드리지 않게 주의해야 한다. 하나님 한 분만이 우리의 찬양을 받으실 분이며, 우리가 예배하는 유일한 이유가 되신다.

5. 예배는 다른 사람들에게 덕이 된다. 예배는 다른 것의 수단이 아니라 그 자체가 목적이다. 하지만 하나님은 예배를 통해 하나님을 모르는 자들이 하나님께 나오도록 하신다. 우리가 신령과 진정으로 하나님을 만나는 모습을 믿지 않는 사람들이 본다면, 그들에게 궁금증이 생겨날 것이다. 이것이 바로 성경적으로 정의한 '(사람들을) 찾는 분에게 민감한' 예배다. 비록 그 사람이 한밤중에 감옥에 홀로 있는 사람일지라도 하나님은 자신을 알지 못하는 사람들을 끊임없이 찾으시는 분이다.

누가는 '찬미'가 즉시 지진을 일으켰다고 기록한다. 우리의 예배가 항상 그런 결과를 얻지는 않겠지만, 이 죄수들의 찬양으로부터 배운 교훈들을 적용할 때마다 하나님이 놀라운 일을 행하실 준비가 되셨다는 것을 확신할 수 있다.

5
삶을 예배로
바꾸는 법을 배우는 예배자

생각의 청지기가 되라 60

"주의 집에 사는 자들은 복이 있나니 그들이 항상 주를 찬송하리이다"
(시 84:4).

현대의 기독교 교육은 청지기의 삶에 대해서 매우 많이 강조한다. 그렇지만 불행하게도 청지기의 삶에 대한 훌륭한 강의들은 종종 재정과 자선의 영역에만 한정된다. 이런 영역들은 중요하며 우리 삶에서 좋은 청지기가 되는 연습을 가장 쉽게 할 수 있는 영역이기도 하다. 그런데 우리는 십일조를 드리거나 십일조의 두 배까지 재정을 드리면서도, 하나님과의 관계에 우리 자신을 내어놓지 않는 경우가 있다.

어떤 믿는 사람들은 이 가르침을 더 높은 수준으로 끌어올려서, 시간의 청지기로서 살아가는 것이 중요하다고 주장하기도 한다. 우리의 시간을 어떻게 사용하는지는 우리 그리스도인의 삶에서 부인할 수 없는 핵심적인 요소다. 얼마나 많은 시간을 주님께 드리느냐는, 우리가 그리스도와의 관계를 얼마나 중요시하는지를 잘 보여 준다.

그렇지만 우리가 고려해야 할 또 다른 영역은 바로 '생각'이다.

우리의 생각은 우리 자신과 하나님만이 알 수 있기 때문에, 바로 이 영역에서 청지기로 사는 것이 가장 궁극적이라 할 수 있다. 우리가 어떻게 시간과 재정을 사용하는지는 외적인 것이지만, 우리의 생각들은 전적으로 내적인 것이다. 그것들이 가장 진실한 우리의 모습을 반영한다.

'우리가 생각하는 대로 된다'라는 격언은 정말 옳은 말이다. 잠언 23장 7절에서는 "대저 그 마음의 생각이 어떠하면 그 위인도 그러한즉"이라고도 말한다. 사실 이런 말씀들은 "마음에 가득한 것을 입으로 말함이라"(마 12:34)고 설명하신 예수님의 말씀에 근거를 두고 있는 것이다. 우리가 일상적으로 생각하는 것이 우리의 마음에 가득하게 되고, 그것이 우리 행동과 말을 항상 조종하게 되는 것이다. 바울이 "모든 생각을 사로잡아 그리스도에게 복종하게 하니"(고후 10:5)라고 주장한 것은 놀라운 것이 아니다.

이런 말씀들은 우리가 예배하면 할수록 점점 그리스도를 닮아가게 되고, 우리의 생각들을 하나님의 인도하심에 맡기게 된다는 의미다. 주인 되신 하나님께 우리 자신을 궁극적으로, 그리고 영광스럽게 복종하면 우리 삶에 놀라운 결과들이 나타난다. 그리스도께서 이끄는 삶은 천문학자 요하네스 케플러의 이야기를 생각나게 한다. 그는 천문학을 공부하는 동안에, 하나님께 "주님! 나는 주님을 따라서 주님의 생각을 합니다!"라고 외쳤다고 한다.

이쯤 되면 '아휴, 난 아직 그렇게는 못해! 항상 하나님만 생각할 수는 없다구. 하루하루 매순간마다 주님을 예배할 수는 없어. 기회

가 날 때마다 예배할 수도 없어. 난 아직 천국에 있는 게 아니잖아'
라고 생각할 사람도 있을 것이다.

　나도 그렇게는 못한다. 우리에게 제공되는 뷔페를 모두 다 먹을
수 없듯, 우리 중 누구도 매순간마다 주님을 예배할 수는 없을 것이
다. 그렇지만 우리에게 예배할 수 있는 기회가 그토록 많이 주어졌
다는 것은 엄청난 일이다.

　로렌스 형제도 다른 사람들보다 주님을 더 쉽게 예배하는 사람
들이 있다는 것을 인정했다. "모든 사람들은 하나님과 친숙한 대화
를 할 수 있다. 그런데 어떤 사람은 더 잘 하고, 어떤 사람은 그렇지
못하다. 그 능력은 주님께서 아신다." 또한 로렌스 수사는 이렇게 고
백했다. "항상 주님과 대화하고, 모든 행동이 그분의 뜻대로 이루어
지는 습관을 들이기 위해서는 인내가 필요하다." 습관이나 훈련처럼
노력이 필요하지, 죄책감이 필요한 것이 아니다.

　하나님은 우리가 예배하지 않는 것에 죄책감을 느끼기를 원치
않으신다. 하나님은 우리가 많은 책임과 필요가 가득한 이 세상에
살도록 하셨다. 마가복음에서 예수님은 가족을 팽개치고, 하나님께
헌신했다고 소문난 사람을 나무라셨다(막 7:10~12).

　하나님은 다른 모든 사람들을 무시하라거나, 특히 당신의 돌봄
이 필요한 사람들을 무시하라고 하지 않으셨다. 이것은 우선순위의
문제다. 우리는 하나님을 가장 우선으로 삼고, 다른 어떤 것보다도
하나님과의 관계를 최우선으로 놓아야 한다. '우선'이라는 단어를
사용하는 것은, 둘째, 셋째, 넷째에 다른 것이 있다는 것을 의미한다.

그러므로 그리스도와의 관계가 중요하다는 것은 우리 삶의 다른 것을 무시하라는 뜻이 아니다.

하나님을 더 예배하라는 말이 가족과 보낼 시간을 덜 가지라거나 책임을 다하지 말라는 것을 뜻하지 않는다. 덜 중요한 것들에 시간을 조금 적게 들이라는 의미다. 우리가 예배하는 동기는 죄책감이 아니라, 하나님을 더 알고 싶은 갈망이어야 한다.

각 사람은 자신의 시간과 생각을 하나님의 영광을 위해서 얼마나 최선으로 사용하고 있는지 기도하면서 돌아보아야 한다. 작은 노력이어도 가치가 있다. 하나님을 기쁘게 하는 것은 시간을 얼마나 들이느냐의 문제가 아니라 언제든 하나님을 예배하겠다는 열정의 문제다.

프랑스의 소설가 아나톨 프랑스는 우리에게 놀라운 통찰력을 보여준다. '하나님께서 우리 각자에게 분배하신 시간은 자수를 놓는 사람에게 주어진 하얀 천과 같다.' 하나님을 예배하는 것보다 더 나은 자수가 어디 있겠는가?

---

* 패트릭 케버노프의 『우리의 삶은 하나님께 드리는 예배입니다』(브니엘 역간)에서 인용(재번역)

/ 저자 소개 / 저자별 색인 /

/ 저자 소개 /

게릿 구스타프슨 GERRIT GUSTAFSON

북미 지역뿐 아니라 다른 나라들에서도 세미나와 컨퍼런스를 주최하여 예배에 대해서 가르치는 강사이자 작사·작곡가이다. 게릿은 지난 20년간 교계에 큰 영향력을 끼친 '워십 레볼루션(Worship Revolution)'에 매우 적극적으로 참여해 왔다. 그리고 그는 인테그리티 뮤직(Integrity Music)을 처음 만들어 낸 팀에서도 활동했다. 그 후 예배에 필요한 여러 정보들을 제공하는 홀 하티드 뮤직(www.wholeheartedworship.com)을 창립했다. '은혜로만 들어가네'를 비롯해 그가 작곡한 많은 찬양들은 전세계에서 불리고 있다. 게릿과 아내 힘니는 테네시 주의 브렌우드에서 다섯 자녀와 함께 살고 있다.

밥 카우플린 BOB KAUFLIN

12년 동안 유명한 CCM그룹인 GLAD에서 사역한 후 1985년 지역 교회에서 목사로 섬겨왔다. 그는 인테그리티 뮤직의 'Chosen Treasure' 앨범과 워드 사(社)의 'A Passion for His presence' 앨범을 비롯한 수많은 CD에서 예배 인도를 했다. 1997년부터 그는 PDI 미니스트리(www.pdinet.org)에서 예배 계발 분과장으로 섬기고 있으며 여러 집회에서 예배를 인도하고 워십 리더들과 예배팀들을 훈련시키며 PDI의 'Come and Worship' 앨범 작업에 참여했다. 밥은 매릴랜드 주의 게이더스 부르크에 있는 코브넌트 라이프 교회에서 예배를 인도하고 있으며 'Worship Matters'라는 칼럼을 매주 Crosswalk.com에 게재하고 있다. 아내 줄리와의 사이에 여섯 자녀가 있다.

/ 저자 소개 /

빌 레이본 BILL RAYBORN

13년 동안 미주리와 사우스캐롤라이나, 그리고 텍사스 주의 여러 교회에서 음악 목사로 섬겨왔다. 기독교 음악계에 들어온 다음에는 워드레코드사의 녹음 판촉 부서장이 되었다. 이후에 그는 안드레아 그라우치(Andraé Crouch)와 디사이플스(The Disciples)의 실행이사로 섬겼고, 여름마다 콜로라도 주의 에스테스 파크에서 열리는 음악 세미나를 계획한 크리스천 아티스트 코포레이션(Christian Artists Corporation)의 부사장이 되었다. 지금은 '교회 음악 보고서'(www.tcmr.com)라는 유명한 잡지를 발간하고 있다. 빌은 아내 리앤과 그의 딸 앰버와 함께 텍사스 주의 그레이프바인에서 살고 있다.

알렌 살테 ARLEN SALTE

뉴 크리에이션 미니스트리(www.new-creation.net)를 창립하였고 지금은 상무로 있다. 이 사역은 캐나다에서 가장 큰 사역의 컨퍼런스를 주최할 뿐 아니라 교회들을 위해서 실제적인 예배팀을 운영하는 기술을 가르치고 예배에 대한 자료들을 제공하고 있다. 알렌은 전세계를 돌아다니면서 콘서트를 개최하고, 예배를 인도하며 말씀을 전하고, 예배와 음악의 기술에 대해서 가르치고 있다. 알렌은 캐나다에서 가장 앨범이 많이 팔리는 가스펠 가수이며 『The Break Forth Contemporary Worship Manual』의 저자이기도 하다. 알렌은 캐나다, 알버타 주의 쉐우드 파크에서 아내 엘사와 세 자녀와 함께 살고 있다.

켄트 헨리 KENT HENRY

여섯 개의 인테그리티 뮤직의 앨범에서 예배 인도를 했으며 23장의 예배 앨범을 발표했다. 이 실황 앨범들은 오직 진실되시며 한 분이신 하나님을 진정으로 예배하는 가장 중요한 순간들을 녹음한 것이다. 지난 17년 동안 켄트는 전세계를 다니면서 수많은 예배자들을 대상으로 사역했다. 아내 카를라와 세 자녀들 중 제시카와 매튜는 예배 사역에 헌신하여 켄트 헨리 미니스트리(www.kenthenry.com)의 간사로 섬기고 있다.

패트릭 케버노프 PATRICK KAVANAUGH

『우리의 삶은 하나님께 드리는 예배입니다』(브니엘 역간)와 『위대한 음악가들의 영적 생활』(The Spritual Lives of the Great Composers)을 비롯한 일곱 권의 저자다. 패트릭은 오케스트라로부터 체임버 뮤직(실내악)까지, 오페라로부터 전자음악까지 다양한 장르의 음악을 작곡해 왔다. 지금은 50개의 서로 다른 교단에서 온 천 명 이상의 멤버로 구성된 그리스천 퍼포밍 아티스트 펠로우쉽(Christian Performing Artists' Fellowship)의 상무로 사역하고 있다. 그는 뉴욕에 있는 매스터워크 페스티벌(MasterWorks Festival)의 예술 분과장으로도 일하고 있다. 패트릭은 첼리스트인 아내 바바라와 네 자녀와 함께 워싱턴 D.C 근교에서 살고 있다.

/ 저자 소개 /

탐 크라우터 TOM KRAEUTER

오늘날 현대 예배의 분야에 관해 주목 받고 있는 사람은 단연 탐 크라우터다. 그는 저술과 강연 활동을 활발히 하면서 실제적치고 성경적인 가르침을 교파를 초월해 전하고 있다. 그동안 2만 여 명이 북아메리카에서 열리는 그의 예배 세미나에 참석했고, 『하나님의 손에 훈련된 예배 인도자』, 『효과적인 찬양 사역』, 『우리의 예배를 받으시는 12가지 이유』, 『예배자에게 필요한 30가지 영적 기초』, 『처음처럼 예배하라』, 『회중을 춤추게 하는 예배 인도자』(이상 예수전도단), 『워십 리더 핸드북』, 『50인의 예배 인도자Ⅰ』, 『50인의 예배 인도자Ⅱ』(이상 횃서북스) 등 그의 저서 및 편저는 세계 여러 나라에 보급되어 예배 인도자들의 실질적인 지침서로 자리매김해 왔다.
1984년부터 미주리 주 세인트루이스 근처에 있는 크리스천 아웃리치 교회에서 리더의 한 사람으로 섬기며, 트레이닝 리소스 사(www.training-resources.org)의 실무이사를 겸직했다.
아내 바바라, 그리고 세 자녀와 함께 미주리 주 골드만에서 살고 있다.

역자 이종환

대원외고와 서울대 철학과를 졸업하고 동대학원에서 서양 고대 그리스 철학을 전공했다. 대학 재학 시절, 예수전도단 대학 사역에서 훈련을 받으며 하나님을 인격적으로 알아 가기 시작했고, 2001년에는 미국 몬태나 주에서 DTS(예수제자훈련학교)를 수료했다. 번역과 강의 통역으로 사람들을 섬기고 있으며, 2003년 12월에 결혼하여 하나님이 주신 가정의 소중함을 배워 가고 있다.

저자별 색인

GERRIT GUSTAFSON 게릿 구스타프슨
12 동기를 점검하라
41 연합으로 온전한 공동체를 이루라
48 예배의 본질에서 다양함을 발견하라
51 섬김의 예배를 드리라
35 자신에게 맞는 예배를 훈련하라
39 다양한 스타일을 인정하라
53 순간을 예배로 바꾸라
56 정결한 삶을 유지하라
60 생각의 청지기가 되라

BOB KAUFLIN 밥 카우플린
08 사역을 즐거워하라
11 사람들의 평가를 두려워하지 마라
14 예배할 때 믿음을 사용하라
21 모든 우상을 제하라
26 사역의 목적을 이해하라
59 어디서나 예배하기로 결정하라

BILL RAYBORN 빌 레이본
50 본이 되는 삶을 살아가라

ARLEN SALTE 알렌 살테
05 쓴뿌리를 남겨 두지 마라
07 겸손으로 고통의 시간을 이기라
15 하나님의 음성에 민감하라
23 하나님과 동행하기를 기뻐하라
25 지식과 열정으로 예배하라
30 자신의 은사를 갈고닦으라
31 실패를 뛰어넘으라
43 전체적인 조화를 이루라

KENT HENRY 켄트 헨리
20 거룩한 낭비를 드리라
27 우선순위를 조정하라
32 사역자로서의 정체성을 가지라

PATRICK KAVANAUGH 패트릭 케버노프
16 예배하는 이유를 잊지 마라
22 하나님과 시간을 보내라

TOM KRAEUTER 탐 크라우터
01 끝까지 신실한 태도를 유지하라
02 익숙함과 무더짐을 구별하라
03 약할 때 강함 주심을 믿으라
04 섬김을 특권으로 삼으라
06 기도를 통해 예배를 섬기라
09 스스로를 낮추라
10 하나님께 온전히 위탁하라
13 완벽주의 성향을 다스리라
17 하나님의 인도하심을 배워 가라
18 하나님을 힘써 알아 가라
19 하나님을 기대하라
24 하나님의 능력이 드라나게 하라
28 하나님과 더욱 친밀해지라
29 하나님을 전심으로 사랑하라
33 하나님을 위해 탁월함을 추구하라
34 자신을 계발하기 위해 노력하라
36 예배에 맞는 악기를 사용하라
37 시너지를 이해하라
38 이기심을 버리라
40 반대 의견과 불순종을 구별하라
42 새로운 도전을 기뻐하라
44 서로 친밀한 관계를 맺으라
45 다른 이의 동기와 진심을 신뢰하라
46 서로 돕고 격려하라
47 자신의 자리와 한계를 지키라
49 마음과 표현으로 서로를 사랑하라
52 삶으로 예배하라
54 말과 행동을 통해 예배하라
55 예배자의 부르심에 견고히 서라
57 하나님을 먼저 구하라
58 하나님이 일하시게 하라

예배자가 알아야 할 60가지 메시지

지은이   탐 크라우터 외
옮긴이   이종환

2004년 1월 20일 1판 1쇄 펴냄
2015년 5월 30일 1판 26쇄 펴냄
2016년 2월 1일 개정판 1쇄 펴냄
2025년 10월 30일 개정판 9쇄 펴냄

펴낸곳   도서출판 예수전도단
출판 등록   1989년 2월 24일(제2-761호)
주소   서울특별시 관악구 신림로7나길 14
전화   02-6933-9981 · 팩스 02-6933-9989
이메일   ywam_publishing@ywam.co.kr
홈페이지   www.ywampubl.com

ISBN 978-89-5536-500-9

책값은 뒤표지에 있습니다.
본 저작물의 한국어판 소유권은 도서출판 예수전도단에 있습니다.
잘못된 책은 바꾸어 드립니다.